*Fitzroy Maclean*

# Schottische Clan-Geschichten

# Schottische Clan-Geschichten

*Nacherzählt von Fitzroy Maclean*

*Illustriert von John Springs*

Bechtermünz Verlag

Aus dem Englischen übertragen
von Angela Uthe-Spencker

Originalausgabe: The Isles of the Sea

William Collins, London und Glasgow

Genehmigte Lizenzausgabe für
Weltbild Verlag GmbH, Augsburg 1998

Umschlaggestaltung: Adolf Bachmann, Reischach
Umschlagbild: Archiv für Kunst und Geschichte, Berlin
Gesamtherstellung: Wiener Verlag, Himberg bei Wien
Printed in Austria
ISBN 3-86047-333-6

*Der Barde Fitzroy Maclean*

# Inhalt

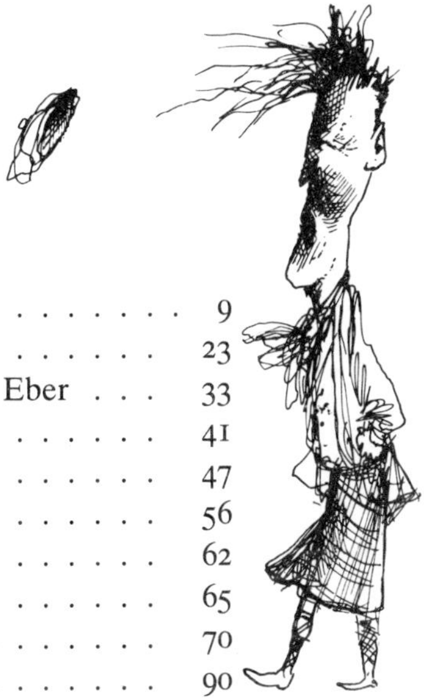


Das westliche Hochland . . . . . . . . . . . . . . . . . . 9
Deirdre, die Leidbringende . . . . . . . . . . . . . . . . 23
Die Geschichte von Diarmid und dem großen Eber . . . 33
Eilean Fraoch . . . . . . . . . . . . . . . . . . . . . 41
Fluch einer Schwester . . . . . . . . . . . . . . . . . 47
Prinzessin Thyra . . . . . . . . . . . . . . . . . . . . 56
Die Tochter des Nordland-Königs . . . . . . . . . . . 62
Caivala mit dem Glänzenden Haar . . . . . . . . . . . 65
Die Isles of the Sea . . . . . . . . . . . . . . . . . . 70
Donald – der Jäger . . . . . . . . . . . . . . . . . . . 90
MacNeils Rückkehr nach Barra . . . . . . . . . . . . 96
Macleans Rückkehr nach Coll . . . . . . . . . . . . . 100
Das letzte Henken . . . . . . . . . . . . . . . . . . . 106
Claras Quell . . . . . . . . . . . . . . . . . . . . . . 112
Duncans Steinhügel . . . . . . . . . . . . . . . . . . 123
Macfarlane of Arrochar und der Laird of Luss . . . . . . 128
Cnoc an T-Sithein . . . . . . . . . . . . . . . . . . . 133
Die Klippe der Tochter des Hufschmieds. . . . . . . . . 136
Der Tod des Roten Colin . . . . . . . . . . . . . . . . 138
Quiproquo. . . . . . . . . . . . . . . . . . . . . . . . 155
In einem Sieb . . . . . . . . . . . . . . . . . . . . . 164
Ticonderoga . . . . . . . . . . . . . . . . . . . . . . 166
Stewart of Appin und Campbell of Strachur . . . . . . . 174
Lebenswasser . . . . . . . . . . . . . . . . . . . . . 184
Von der Witwe, die eine Kuh besaß . . . . . . . . . . 191
Die kleine Hexe . . . . . . . . . . . . . . . . . . . . 196
Quellenverzeichnis . . . . . . . . . . . . . . . . . . 198

Minch
Poolewe
L. Maree
N
SKYE
Kyle of Lochalsh
Glen Eilg
Ben Tuirc
L. Slapin
Eoligarry
Tangusdale
BARRA
Castlebay
Muldonich
Barra Head
Canna
RUM
Pt of Sleat
Eigg
INNER HEBRIDES
Achnacarry
Lochcil
Keppoch
Lochaber
Kinlochmoidart
Ardnamurchan
Ardgour
Corran Ferry
Onich
Ballachulish
L. Leven
Gl. Duror
Glencoe
Bagh Cornaig
Boust
Grisipol
COLL
Breachacha
TIREE
Island House
Hynich
Tobermory
Dervaig
Aros
Morvern
Sound of Mull
Ardtornish
Loch Linnhe
LISMORE
APPIN
Achnacone
Fasnacloich
Glenure
L. Etive
Rannoch Moor
Barcaldine
Ardchattan Priory
Craignure
Duart
Treshnish Isles
Ben Mor
MULL
L. Spelvie
Dunstaffnage
Dunollie
Inverawe
Ben Cruachan
Glen Orchy
IONA
Lochbuie
Firth of Lorne
ARGYLL
Lorne
Loch Awe
Isles of the Sea (Garvellochs)
Innischonaill
Ederline
Dunderave
Inverary
Ardkinglas
Strachur
Arrochar
Inverugl
Tarbet
Loch Lom
COLONSAY
Strachlachlan
MacPhun's Cairn
L. Goil
Gl. Douglas
Gl. Luss
Luss
Loch Fyne
Crinan Canal
Cowal
Loch Long
Gl. Fruin
Bannachu
JURA
Holy Loch
R. Cl
L. Gorm
ISLAY
Kilchoman
Rhinns of Islay
BUTE
Glas
Largs
KINTYRE
ARRAN
ERIN
C. Wrath
Culloden
Inverness
Harland
Glenlivet
Inverurie
Aberdeen
Killiecrankie
Dundee
Oban
Perth
Stirling
Bannockburn
Falkirk
Glasgow
Edinburgh
Prestonpans
ULSTER

Einführung

# Das westliche Hochland

Die Grafschaft Argyll in den *Western Highlands*, dem westlichen Hochland Schottlands, führt ihren Namen zurück auf das gälische *Oirer Ghaidheal*, Küstenland der Gälen. Dort landeten zwischen dem dritten und sechsten Jahrhundert unserer Zeitrechnung in aufeinanderfolgenden Wellen Kelten aus dem Königreich Dalriada auf Irland, um über dem Meer ein zweites Dalriada, eng verknüpft mit dem ersten, zu errichten. Man nannte sie Scots oder lateinisch Scotti, da sie ihrer Überlieferung nach von Scota, einer Pharaonentochter, abstammten, die viele Jahrhunderte zuvor aus dem Niltal nach Irland geraten war. Mit der Zeit übertrugen sie ihren Namen auf das gesamte Land, das nun Schottland heißt. Argyll indessen und das westliche Hochland blieben ein keltisches Herzland und bewahrten ganz für sich allein ein Wesen, eine Tradition und, mit dem Gälischen, eine völlig eigene Sprache.

Zwanzig Meilen westlich entfernt von dem Ort, an dem ich schreibe, ragt ein Felsen mit der mächtigen Festung Dunadd steil aus den umgebenden Grasniederungen auf. Vor fünfzehnhundert Jahren war dies eine Hochburg der neueingewanderten Schotten und Mittelpunkt des schottischen Dalriadas. Nahe dem Gipfel des Felsens kann man heute noch aus dem gewachsenen Stein gehauen ein Becken und einen menschlichen Fußabdruck sehen. Hier standen nach zeremonieller Reinigung die Könige von Dalriada, um gekrönt zu werden. Nahebei weist der Felsen das Abbild eines Ebers auf, das heraldische Emblem jener frühen Monarchen. In der grünen hügeligen Landschaft um Dunadd vermitteln Steine mit eingemeißelten Zeichen und alte Heiligtümer ein Gefühl von Zeitlosigkeit.

Vor der Küste liegen Iona und die anderen Inseln der Inneren Hebriden. Sie sind noch reich an Zeugnissen aus der Zeit Columbas und jener anderen heiligen Männer, die das Christentum nach Schottland brachten. Während Ost- und Mittelschottland bald schon unter angelsächsischen und anglonormannischen Einfluß gerieten, behielten Argyll und das westliche Hochland dank ihrer Abgeschiedenheit, der Unzugänglichkeit ihres Gebietes und der ihrem Volk eigenen Schläue und Wildheit hartnäckig ihren ursprünglichen Charakter bei, der nur durch die Invasionen der Wikinger, die im achten Jahrhundert einsetzten und mehrere hundert Jahre andauerten, beeinflußt wurde.

Gegen die Pikten in Mittelschottland zogen die Schotten sporadisch immer wieder zu Felde. Im Jahr 843 besiegte Kenneth MacAlpin, König von Dalriada, sie endgültig und wurde, mit den Worten eines Chronisten »der erste Schotte, der über ganz Alba herrscht, das von jetzt an *Scotia* genannt wird«. Inzwischen gewannen im Norden und Nordwesten die nordischen Eindringlinge rasch an Boden. Bald schon hatten sie sich auf den Inseln und im Küstengebiet des Festlandes festgesetzt. In Kürze waren sie die Herren über die Orkneys, die Shetland- und die westlichen Inseln. Caithness und Sutherland folgten. 1098 fielen Kintyre und die Hebriden dem norwegischen König Magnus Barfuß in die Hände.

Widerstand gegen die Norweger leistete schließlich der halbnorwegische Somerled, Herr über Morvern, Lochaber, Argyll und die südlichen Hebriden. Somerled, der 1140 Ragnhild, die Tochter König Olafs, genannt der Rote von den Inseln, geheiratet hatte, ließ sich durch seine norwegische Abstammung und Verwandtschaft nicht davon abhalten, dem Vordringen der Norweger heftig entgegenzutreten und einzig die Interessen seines eigenen Herrscherhauses zu verfolgen. Auf den Tod von Magnus Barfuß im Jahr 1109 trieb er die Norweger erfolgreich aus Lochaber, Morvern und dem Norden Argylls und schlug den norwegischen König von der Insel Man entscheidend in einer großen Seeschlacht vor Islay. Ebenso erwies er König Malcolm IV. von Schottland nicht mehr Respekt, sondern segelte dreist den Clyde hinauf, eroberte Arran und Bute und plünderte die Stadt Glasgow.

Nach Somerleds Ableben wurden seine ansehnlichen Ländereien zwischen seinen Söhnen aufgeteilt. Gemäß dem Stammessystem, das die Schotten aus Irland mitgebracht hatten, verteilten sie die Gebiete, die sie jetzt eroberten, unter Familien und Gruppen von

Familien auf. Diesen wurde die Bezeichnung »clan« gegeben, von *clann,* dem gälischen Wort für Kinder. Von Somerleds älterem Sohn Dugald, der Lorne, Morvern und Ardnamurchan erbte, stammten die MacDougall Lords of Lorne ab, deren Burgen Dunollie und Dunstaffnage den Firth of Lorne beherrschten. Von seinem jüngeren Sohn Reginald, oder vielmehr von seinem Enkel Donald, der Islay, die angrenzenden Inseln und einen Teil von Kintyre erbte, stammten die MacDonalds von Islay ab, die sich später den stolzen Titel »Lord of the Isles«, die Herrscher über die Inseln, zulegten. Dies waren die Anfänge von zwei großen Clans des westlichen Hochlands.

Zu dieser Zeit neigten sich die Jahre des Vordringens und der Herrschaft der Norweger dem Ende entgegen. Nach seiner Thronbesteigung im Jahr 1249 führte Alexander III. von Schottland eine Reihe von Angriffen gegen die in norwegischer Hand liegenden Hebriden durch. Im Sommer 1263 beschloß der alte König Hakon von Norwegen Vergeltung zu üben und stach mit einer großen Flotte gegen Schottland in See. Die Norweger kämpften sich bei Largs ans Ufer, wurden sowohl zu Wasser wie zu Land schwer geschlagen und zogen sich in heillosem Durcheinander zurück. Drei Jahre später unterzeichnete Magnus, Hakons Sohn, einen Friedensvertrag, durch den die Hebriden an Schottland fielen. In Wirklichkeit jedoch blieben die Hebriden und große Gebiete des angrenzenden Festlandes unabhängige Fürstentümer, über die die MacDougalls of Lorne und die MacDonalds of Islay herrschten, die ihren schottischen Oberherren ebensowenig Beachtung schenkten, wie ehemals ihren norwegischen.

Im westlichen Hochland und auf den westlichen Inseln entstanden nun weitere Clans, die entweder von den Schotten aus Dalriada oder von den norwegischen Eindringlingen abstammten: in Cowal die MacLachlans und die MacNeils, die später auf die Inseln zogen; im Glen Orchy die MacGregors; auf Mull die Macleans, jene »Spartaner des Nordens«, deren Namensgeber, Gillean of the Battle Axe, bei Largs gekämpft hatte; am Loch Awe die Campbells (Clan Diarmid), die für sich behaupteten, von Diarmid, dem Töter des Großen Ebers von Caledon, abzustammen; weiter nördlich die Mackenzies; und nahe Kyle of Lochalsh und auf Skye die Macleods, Nachfahren von Olave the Black, dem letzten norwegischen König von Man.

Inzwischen hatte die Eroberung Englands durch die Normannen der schottischen Geschichte eine neue Dimension gegeben. Von nun an sollten sich England und seine normannischen Herrscher in wachsendem Maß in die Angelegenheiten ihrer nördlichen Nachbarn einmischen. Mit dem Erlöschen der alten keltischen Herrscherlinie gegen Ende des dreizehnten Jahrhunderts wurde Schottland Beute englischer Ränkespiele und Angriffe. Ironischerweise war es dann ein anglonormannischer König, Robert the Bruce, der die Schotten erfolgreich gegen die Engländer vereinte.

In dieser Zeit nahmen die Clans des westlichen Hochlands den halb patriarchalen, halb feudalen Charakter an, den sie die folgenden vier- bis fünfhundert Jahre beibehielten. Unter jenen, die Bruce unterstützten und entsprechend belohnt worden waren, konnten die MacDonald Lords of the Isles, dem Rückzug der Norweger auf dem Fuß folgend, mit Hilfe ihrer Blutsverwandten und Verbündeten, den Macleans, im Westen ein so gut wie unabhängiges Königreich errichten, das sämtliche westlichen Inseln wie auch große Gebiete des Festlandes umfaßte. Während die Campbells, die auch auf der Seite von Bruce standen, ihren unaufhaltsamen Aufstieg zur Macht begannen, hatten die MacDougalls, die gegen ihn gekämpft hatten, entsprechend zu leiden.

Es überrascht nicht, daß sich die Lords of the Isles, begierig, ihre Herrschaftsgebiete noch weiter auszudehnen, bald im Konflikt mit der schottischen Krone befanden, die inzwischen über Marjorie, der Tochter von Bruce, auf das ebenso anglonormannische Haus Stewart übergegangen war. In der Schlacht von Harlaw im Jahr 1411 kämpfte die königliche Armee, angeführt von Alexander Stewart, Earl of Mar und Blutsverwandter König James' I., ein Heer von rund sechstausend Inselleuten nieder, die, ermutigt von den Engländern, quer durch ganz Schottland marschiert waren, um neue Gebiete für das Königreich der Inseln zu erringen. Wären die Inselleute siegreich gewesen, hätte die schottische Geschichte sehr wahrscheinlich einen anderen Verlauf genommen.Doch obwohl sich die Lords of the Isles, ohne ihr Ziel erreicht zu haben, schließlich zurückzogen, herrschten sie für den Rest des Jahrhunderts weiterhin als unabhängige Monarchen von ihrer großen Burg Ardtornish aus, am Sound of Mull.

Im Nordwesten, jenseits der Grenze zum Hochland, war das, was sich in der Hauptstadt oder im anglisierten Süden ereignete, immer noch ohne großen Belang. Hier nahmen Kirche wie Staat gleichermaßen nur dürftig Einfluß. Es herrschten ein anderes System, andere Treuebindungen, andere Maßstäbe. Der Häuptling war der Vater seiner Untertanen. Er war vom gleichen Blut wie sie, jedenfalls der Theorie nach. Er besaß ihre völlige Ergebenheit und gebot über Leben und Tod. Sein Land war gewissermaßen ihr Land; ihr Vieh war sein Vieh; seine Händel (und sie waren blutig und zahlreich) waren ihre Händel. Das Clansystem war in seinem Wesen eher patriarchalisch als feudal. Es war uraltes keltisches Konzept, das nur wenig Verwandtschaft mit der jüngeren Zentralmonarchie besaß. Es leitete sich vielmehr aus den frühen norwegischen und irischen Königreichen her, auf deren Könige und Großkönige die Häuptlinge der großen westlichen Clans ihre Abstammung zurückführten.

Dem Hochländer war das Land, das wilde, unfruchtbare Land der *Highlands,* heilig, das Land und das Vieh, jene kümmerlichen kleinen schwarzen Tiere, die sich irgendwie von diesem Land ernährten und wiederum den Hochländer ernährten, und die Männer, bewaffnete Männer, die Land und Vieh verteidigten. Das Land des Clans gehörte durch angestammtes Recht dem Häuptling. Von ihm wurde es unter den Mitgliedern seiner Familie und den Männern seines Clans aufgeteilt. Das Vieh war der würdigste Besitz des Häuptlings wie auch der Stammesmitglieder, sowohl Grundlage ihres Lebensunterhaltes und ihres sozialen Ansehens als auch Quelle nicht enden wollender Querelen. In Kriegszeiten führten der Häuptling und die Männer seines Blutes den Clan in die Schlacht. Wenn er das brennende Kreuz aussandte, war es die Pflicht der Männer des Stammes, ihm, wohin er sie auch führte, zu folgen. Der Clan hatte zuerst und vor allem den tief verwurzelten, keltischen Leitgedanken der *kindness* zur Grundlage, einer Mischung aus Blutsverwandtschaft und langer Tradition, stärker als jedes geschriebene Gesetz. Als Vater seiner Untertanen stand der Häuptling auf halbem Weg zwischen ihnen und Gott, schlichtete ihre Streitigkeiten, half ihnen in Not, beschützte sie und ihr Vieh gegen ihre Feinde. *Buachaille nan Eileanan*, der Hirte der Inseln, lautete der gälische Titel der Häuptlinge der MacDonalds.

Mit seinem Häuptling teilte selbst das niedrigste Stammesmitglied den Stolz auf die Abstammung – kaum verständlich für einen Fremden. Alle, die den Namen ihres Häuptlings trugen, gefielen sich in dem Glauben, daß sie – und oft verhielt es sich auch so – wie er von dem Namensvater des Clans abstammten: von Somerled, von Gillean of the Battle Axe, von Calum Mor, von Olave the Black oder Gregor of the Golden Bridles und durch sie von zahllosen Generationen norwegischer und irischer Könige. »Wenn ich auch arm bin, so bin ich doch von Adel«, lautete eine alte und ständig angewandte Redensart der Macleans, »Gott sei gedankt, ich bin ein Maclean.« »Fast ein jeder«, schrieb der englische Statthalter Edward Burt einige Jahrhunderte später erstaunt, »ist ein Ahnenforscher.« Da wundert es nicht, daß die großen Anführer und Häuptlinge des Nordens und Nordwestens von ihren Berg- und Inselfestungen aus und umgeben von ihren getreuen Stammesmitgliedern durch die Jahrhunderte hinweg den Proklamationen von Königen und Parlamenten oder Staatsbeamten aus dem Süden und Osten jenseits der Grenze zum Hochland nur geringe Beachtung schenkten, sie nur als mögliche Verbündete oder Feinde in ihren eigenen persönlichen Machtkämpfen betrachteten.

All dies machte Schottland nicht gerade zu einem leicht regierbaren Land. Durch die Jahrhunderte hindurch bemühten sich die Könige nacheinander die *Highlands* und *Islands* zu befrieden, doch nur mit mäßigem Erfolg. Nach seiner Thronbesteigung im Jahr 1488 versuchte der außerordentlich begabte und aufrechte James IV. allen Ernstes, sich mit den Häuptlingen der westlichen Clans anzufreunden. Er jagte und feierte mit ihnen, schuf vorteilhafte und wahrscheinlich einträgliche Stellungen für ihre Gefolgsleute und ging sogar so weit, Gälisch zu erlernen. (»Der König spricht tatsächlich die Sprache der Wilden, die in einigen Gegenden Schottlands und auf den Inseln leben«, schrieb der spanische Botschafter.) Am Ende jedoch mußte James zu anderen Mitteln greifen. 1493 wurde das Herrschaftsgebiet der Inseln aufgelöst, von der Krone annektiert und MacCailein Mor, Häuptling des Clan Campbell und inzwischen Earl of Argyll, zum Königlichen Statthalter über die Inseln ernannt, ausgestattet mit allen feudalen und militärischen Rechten. Wiederum erwies sich in einer Krisenzeit der Häuptling der Campbells als ein aktiver Unterstützer der etablierten Macht.

Die Vereinigung der Kronen unter James VI. von Schottland und I. von England und somit das Schwinden der englischen Gefahr im alten Sinn, zeichnete den Beginn einer neuen Phase ab. Der Sitz der Macht bewegte sich nach Süden. Die *Highlands* und ihre aufrührerischen Bewohner waren ihren verfeinerten Nachbarn aus den *Lowlands* jetzt noch ferner, belangloser und widerwärtiger als je zuvor. Um mit ihnen fertig zu werden, bediente sich James der harten und bequemen Methode, *Letters of Fire and Sword* zu erlassen, durch die er einen oder mehrere Clans (gewöhnlich die Campbells) autorisierte, mit ihren unfolgsamen Nachbarn nach ihrem Gutdünken zu verfahren, was in der Regel in ein Gemetzel ausartete. 1609 machte er sich mit den Statuten von Iona eine spitzfindigere Methode zu eigen, um das Clansystem zu untergraben. Er untersagte, ohne allerdings viel Erfolg zu haben, altüberkommene Sitten der Hochländer, wie *hand-fasting* (eine praktische Form der weltlichen Trauung durch Handschlag), die gälische Sprache, die Barden der Clans und die schweren gemeinsamen Trinkgelage, die ihre Darbietungen häufig begleiteten. Gleichzeitig versuchte er die Häuptlinge zu überreden, ihre Söhne zur Erziehung in die *Lowlands* zu schicken.

Von der Reformation an bis tief ins siebzehnte Jahrhundert hinein wurde Schottland das Opfer fast ununterbrochener religiöser Konflikte und Kämpfe, anfänglich zwischen Katholiken und Protestanten und danach zwischen Presbyterianern und Episkopalen, Covenanters und Anti-Covenanters. Nacheinander waren die Stewarts persönlich und unentrinnbar in ihnen verwickelt, von Mary Queen of Scots bis hin zu James VII. und II. Hauptsächlich aus religiösen Gründen wurde im Jahr 1689 schließlich der römisch-katholische James gezwungen, aus dem Land zu fliehen und seiner Tochter Mary und ihrem holländischen Gemahl, William von Oranien, den Weg freizugeben. Selbst die harte Schlacht von Killiecrankie half nicht, ihn zurückzubringen.

Killiecrankie markiert den Beginn der jakobitischen Bewegung, die sich darauf eingeschworen hatte, König James wieder auf den Thron zu setzen. Von Anfang an hatten sich die Campbells und andere Whig Clans begeistert um William von Oranien geschart. Folglich mußten die Jakobiten ihre Feinde sein. Nach Killiecrankie gaben Vorkommnisse, die zum Massaker von Glencoe führten, der Londoner Regierung die Gelegenheit, mit Hilfe der Campbells ein entsetzliches Exempel an wenigstens einem aufrührerischen Clan zu statuieren – dem Zweig des Clan Donald, der im Tal von Glencoe lebte, das danach *Glen of Weeping* hieß.

Zu Beginn des achtzehnten Jahrhunderts steuerten zwei Ereignisse zur Wiederbelebung des Jakobitismus bei: 1707 der Zusammenschluß des schottischen Parlaments mit dem englischen und 1714 das auf den Tod der letzten Stewart, Königin Anne, folgende, allgemein unbeliebte Haus Hannover, dem die Campbells von Anfang an treu ergeben waren. Schottland stand jetzt am Scheideweg. In den Erhebungen von 1715 und 1745 vertraten die jakobitischen Clans nicht nur den Anspruch der Stewarts auf die Krone, noch kämpften sie einfach nur, um mit den Campbells abzurechnen; vielmehr fochten sie um noch etwas anderes: um ihre Lebensweise und um die uralte Kultur, die dazu gehörte. Dieses eben war es, was mit der Niederlage von Prinz Charlie bei Culloden unwiderbringlich zerstört wurde.

Jetzt habe ich in aller Kürze den historischen Hintergrund für die Erzählungen geschildert. Sie wurden aus einer Vielzahl ausgesucht, die von Generation zu Generation durch die *Seanachies*, die Barden der *Western Highlands* und *Islands* weitergegeben worden waren und nur am Rand mit den geschichtlichen Ereignissen zu tun haben. Viele stehen im Widerspruch zu den eigentlichen Tatsachen. Andere enthalten Elemente des Übernatürlichen. Bei den meisten müssen wir

Befangenheit seitens des Erzählers einräumen. Von einigen gibt es mehr als nur eine Version, und wo es sich so verhielt, habe ich einfach die Fassung gewählt, die mir aus persönlichen Gründen am meisten zusagte, nahm also Zuflucht zu der müßigen gälischen Redensart, *Ma's Breng bhuam e, is breng dhome e*, »Wenn es gelogen ist, was ich erzählte, so war es gelogen, was man mir erzählte«. Ungeachtet all dessen hoffe ich, daß diese Erzählungen dem Leser etwas von dem Geist und der Stimmung vermitteln, in denen man sie weitergegeben und aufgenommen hat und auch etwas von dem breiteren Hintergrund, vor dem eine Reihe nicht unerheblicher historischer Ereignisse stattfanden. Es ist sogar gut möglich, daß manchmal das gemeinsame Gedächtnis des Volkes, aus dem sie hervorgingen, der Wahrheit näher kommt, als andere, einsichtigere Quellen.

Für all die verschiedenen Erzähler dieser Geschichten habe ich die Bezeichnung *Seanachie* benutzt. Der Clan-Barde oder *Seanachie*, halb Dichter, halb Historiker, war neben dem Dudelsackpfeifer, dem Geistlichen und dem Arzt ein wichtiges Mitglied des Haushalts eines jeden Häuptlings und bekleidete eine angesehene Stellung in der Gesellschaft. Sein Amt war sehr häufig erblich. Die Geschichten, die er erzählte, wurden von Generation zu Generation in fast demselben Wortlaut wiederholt, was ihnen die Unmittelbarkeit eines Augenzeugenberichts verlieh.

Wahrscheinlich war der berühmteste Barde des Mittelalters Mhuireadhach Albanach. Seine Nachfahren hatten das erbliche Amt des Barden bei den MacDonalds von Clanranald inne. Lachlan Mor MacMhuireadhach folgte im Jahr 1411 Donald of the Isles in die Schlacht von Harlaw und spornte den Clan Donald zu neuen Heldentaten an. James Logan schreibt 1831: »Lachlan MacNeil, *mhic* (Sohn von . . .) Lachlans, *mhic* Neils, *mhic* Donalds, *mhic* Neils mor, *mhic* Lachlans, *mhic* Donalds, mit Nachnamen Mac Mhuirich, Barde, Sippenforscher und *seanachaidh*, sagte vor Roderick MacLeod, Friedensrichter, und in Gegenwart von sechs Geistlichen und weltlichen Herren aus, daß er nach bestem Wissen und Gewissen im achtzehnten Glied von Mhuireach abstamme, dessen Nachkommenschaft als Barden des Clans Ranald fungiert hätten. Als Lohn für ihren Dienst wäre ihnen während fünfzehn Generationen die Farm Staoligary zuerteilt worden und ein Stück Land bei Drimisdale.«

Vor fünfundzwanzig Jahren hörte ich zum ersten Mal die Geschichte von Duncans Steinhügel und von der verheerenden Schlacht bei Traigh Ghruinnaird. Sie ist in dieser Sammlung enthalten. Vorgetragen wurde sie in leuchtendsten Farben erst auf Gälisch, dann auf Englisch vom alten Donald Morrison von Mull. Er war direkter Abkömmling einer langen Linie von Geschichtenerzählern und damals zum ersten Mal zu Besuch auf dem Festland. Es war, als lauschte man einem Teilnehmer an der Schlacht. Besonders lebhaft erinnere ich mich an seine Schilderung der abgehackten Finger und Daumen, die am Ufer körbeweise aufgelesen wurden, nachdem der Kampf vorüber war und man Schwerter und Äxte saubergewischt und weggesteckt hatte.

Natürlich war es die wichtigste Aufgabe des Barden oder *Seanachie*, die Heldentaten seines Häuptlings und dessen Vorfahren zu verherrlichen. »Es war«, schreibt Logan, »nicht nur nützlich, gegenüber den Lebenden die Tugenden früherer Helden als Anregung zur Nachahmung zu preisen, sondern wurde als äußerste Labsal für den Dahingeschiedenen angesehen – in der Tat für ein Mittel gehalten, die Seele in einen Zustand der Glückseligkeit zu versetzen. Folglich stellte es auch eine religiöse Pflicht dar.« Die Clanbarden unterhielten ihren Häuptling nicht nur während der Gelage, »indem sie seinen Mut und den Mut seiner Gefolgsleute durch ihre machtvollen Rezitationen weckten«, sondern versahen ihren Dienst auch auf dem Schlachtfeld, wo sie halfen, die Kampfmoral aufrechtzuerhalten, indem sie, sagt General Stewart of Garth, »den Ruhm priesen, der auf einen glorreichen Tod folge . . . aber auch von der Schmach kündeten, die memmenhaftes Verhalten und feigen Rückzug begleite«.

Da die Barden das eigentliche Wesen des Clangeistes verkörperten, wurden sie ganz natürlich zum Ziel des *miorun mor nan Gall*, dem historischen Haß des *Lowlander* auf den *Highlander*. Die schottische Krone, angefangen von James VI. und I., schritt während des gesamten siebzehnten Jahrhunderts gegen sie ein. Mit Unterstützung sowohl der Kirche als auch des Staates war das ein Teil einer bewußten Kampagne zur Zerstörung der gälischen oder, wie sie genannt wurde, irischen Sprache und all dessen, was sie versinnbildlichte. Schon vor der Union wurde im Jahr 1695 eine Akte erlassen zur »Errichtung englischer Schulen, um die irische Sprache auszurotten und andere fromme Bräuche zu pflegen«, und im Jahr 1720 gab die Society for the Propagation of Christian Knowledge ihre Absicht bekannt, »die irische Sprache nicht fortbestehen, sondern sie langsam untergehen zu lassen und dem Volk die englische Sprache zu lehren«.

Dennoch starb die uralte Tradition nicht aus. In den *Highlands* und auf den *Islands* wurden von Generation zu Generation die alten Geschichten weitererzählt und die alten Dichtungen vorgetragen. Als dann im frühen neunzehnten Jahrhundert das Interesse für die *Highlands* wieder auflebte, konnten bemühte Forscher genügend Geschichtenerzähler ausfindig machen, die noch immer große Versammlungen mit ihren Erzählungen aus alten Zeiten unterhielten.

Mit dem Niedergang des Clansystems und dem Verschwinden der offiziellen Barden wurde die Rolle des *Seanachie* von jedem angenommen, der Erzähltalent und einen Vorrat an Geschichten besaß, unabhängig von Stand und Rang. »In jeder noch so kleinen Ansiedlung«, schrieb der berühmte Geschichtensammler aus den *West Highlands,* J.F. Campbell, im Jahr 1860, »gibt es einen Mann, der bekannt ist für *sgialachdan,* fürs Geschichtenerzählen, und in dessen Haus man sich an Winterabenden zusammenschart. Diese Männer besuchte ich und hörte ihnen zu, oft mit Staunen über die ungewöhnliche Gedächtniskraft, die ungelehrte alte Männer an den Tag legten.« An anderer Stelle erinnert er sich, daß einer der besten und glänzendsten Geschichtenerzähler ein Mann war, der niemals Schuhwerk getragen hatte.

Im Gälischen gibt es keinen Unterschied zwischen gesprochener und dichterischer Sprache, und durch die fortdauernde Tradition der mündlichen Überlieferung haben die von den *Seanachies* erzählten Geschichten die gleiche natürliche Lebendigkeit und gewählte Ausdrucksweise wie schriftliche gälische Überlieferungen. »Als ich ein Junge war«, schrieb General Stewart of Garth 1822, »hörte ich mir diese Rezitationen immer mit großem Vergnügen an, und jetzt geht es mir unter Staunen durch den Kopf, mit welcher Mühelosigkeit und Schnelle eine Person diese stundenlang ohne Zögern und ohne Unterbrechung fortsetzen konnte . . . Dank dieser althergebrachten Sitte treffen wir noch *Highlanders* an, die eine zusammenhängende und bis ins kleinste genaue Darstellung der Geschichte, der Genealogie, der Fehden und Schlachten aller Stämme und Familien in jedem Landstrich oder jedem Tal meilenweit im Umkreis und für den

Zeitraum von mehreren hundert Jahren geben können; ihre Wiedergabe illustrieren sie mit Hinweisen auf auffallende Felsen, Steinhügel, Bäume oder Gewässer innerhalb der betreffenden Gegend, verbinden sie mit irgendeiner ähnlichen Geschichte, mit einer Familie oder einem Geist oder dem Tod irgendeiner Person, die im Schnee oder durch irgendein plötzliches Unheil oder durch irgendeinen unglücklichen Zufall ums Leben kam; und schmücken sie mit den verschiedensten Anekdoten aus, mit lokalen oder aktuellen Anspielungen.«

»In meinem Geburtsort, Poolewe in Ross-shire«, schrieb Hector Urquhart, ein Wildhüter, im Jahr 1860, »war es in meiner Kindheit Sitte unter den jungen Leuten, sich an den langen Winterabenden zusammenzufinden und den alten Leuten zuzuhören, die Geschichten oder *sgeulachd* vortrugen, die ihnen von ihren Vätern überliefert worden waren . . . Ich kannte einen wandernden Schneider, der während seines Aufenthalts im Dorf jeden Abend eine neue Geschichte zu erzählen pflegte, und einen alten Schuster, der uns mit seinem großen Vorrat an Geschichten über Geister und Elfen so sehr ängstigte, daß wir uns auf unserem Heimweg kaum am benachbarten Kirchhof vorbeiwagten. Wenn ein *aoidh,* ein Fremder, der für seinen Schatz an Erzählungen berühmt war, zu Besuch im Dorf weilte, pflegten jung und alt in das Haus zu eilen, in dem er für die Nacht untergekommen war, und sich irgendwo hinzusetzen und sich schweigend die neuen Geschichten anzuhören.«

Viele der besten und verbürgtesten Geschichten stammen von den Inseln, wo die Tradition des Geschichtenerzählens am längsten vorherrschte. »Auf den Inseln von Barra«, schrieb Hector Maclean, ein Schulmeister auf Islay, »ist das Geschichtenerzählen während der langen Wintermonate noch allgemein üblich. Die Leute versammeln sich in Scharen in den Häusern jener, die sie für gute Rezitatoren halten, um sich ihre Geschichten anzuhören . . . Während des Vortrags geraten die Gefühle des Vortragenden gelegentlich in sehr starke Wallung und ebenso die der Zuhörer, so daß sie das eine Mal fast in Tränen, das andere Mal in schallendes Gelächter ausbrechen. Sie sprechen von den ossianischen Helden mit so viel Erregung, Mitgefühl und Glauben an ihr Vorhandensein, wie die Zeitungsleser über die Heldentaten der Britischen Armee auf der Krim oder in Indien.«

Von Barra stammt die erste Geschichte in diesem Buch, die Geschichte von Deirdre, die Leidbringende, so wie sie 1867 Alexander Carmichael von dem einundachtzigjährigen Iain Donn, Brown Iain MacNeill erzählt wurde. Bis noch vor dreißig Jahren wurde die große lebendige Erzähltradition aktiv von dem berühmten John MacPherson of Northbay fortgesetzt, den man auf Barra und über Barra hinaus besser als *The Coddy* kennt. *»Geurainich Chlann Mhurich«,* lautet eine alte Redensart, »die MacPhersons und ihre Stammesgenossen haben hurtige Zungen.« John MacPherson, ein kleiner, stämmiger, gut aussehender Mann, bildete sicherlich keine Ausnahme. Auf Englisch konnte er sich ebenso witzig ausdrücken und klar verständlich machen wie in seinem heimatlichen Gälisch, und die Persönlichkeit, mit der er ausgestattet war, paßte dazu.

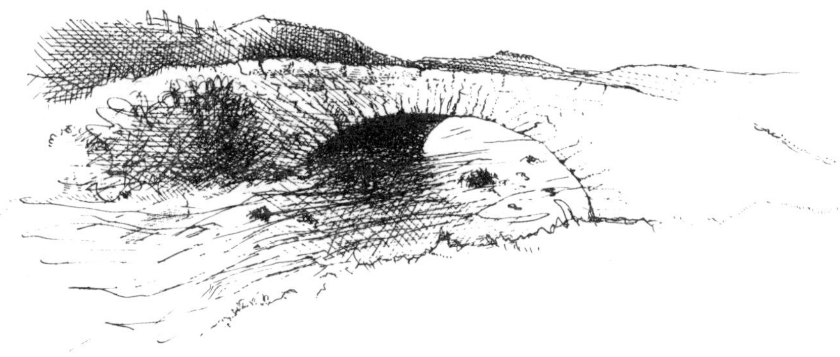

John MacPherson, ein eingeschworener *Islander,* begann als Heringsfischer und Kleinpächter und baute in den zwanziger Jahren dieses Jahrhunderts mit erspartem Geld ein Gasthaus für Leute, die Barra besuchten. Es hieß künftighin *Taighe-an-Choddy,* das Haus des Coddys. »Hier war der Coddy«, schreibt sein Freund John Lorne Campbell, der eine Sammlung seiner Geschichten herausgab, »in seinem Element und gab sein Bestes. Er war der herzliche Gastgeber, der große Geschichtenerzähler und der bezaubernde *fear-an-taighe,* der ›Herr des Hauses‹.« Bald herrschte sein Ruhm nah und fern. Ich bin Dr. Campbell überaus dankbar für die Erlaubnis, vier der Geschichten, die der Coddy zu erzählen pflegte, verwenden zu dürfen:

*»Cnoc an t-Sithein«,* »In einem Sieb«, »Von der Witwe, die eine Kuh besaß« und »Die kleine Hexe«. Die letzte in seinem eigenen Wortlaut, den man meiner Ansicht nach wohl kaum noch übertreffen kann. Besser als alles andere vermitteln diese Erzählungen aus Barra, die einem Volksgedächtnis entstammen, das tausend Jahre und länger zurückreicht, mit überraschender Direktheit die stete Gegenwart einer anderen, übernatürlichen Welt, Seite an Seite mit der unseren. Sie vermitteln die Gegenwart von Wesen, die dazu neigen, sich von Zeit zu Zeit, mal zum Besseren, mal zum Schlechteren, in die Eintönigkeit unseres täglichen Lebens einzumischen.

Zum Abschluß gilt mein warmer Dank MacCailein Mor, dem Duke of Argyll, für die Erlaubnis, den veröffentlichten Teil des Dewar Manuscripts, dessen Copyright er hält, heranziehen zu dürfen. Seiner Familie sind wir zu großem Dank für ihre Bemühungen verpflichtet, die bardische Tradition in den *Western Highlands* zu bewahren und zu beleben. Es ist eine erfreuliche Nachricht, daß er der Veröffentlichung der noch verbliebenen Erzählungen seine Zustimmung gab, die mit den schon veröffentlichten vor vielen Jahren von John Dewar, einem gälischsprachigen Holzfäller aus Rosneath, für den achten Duke of Argyll gesammelt worden waren.

*Strachur, Argyll*

*Fitzroy Maclean*

# Deirdre, die Leidbringende

Vor tausend Jahren oder vor noch längerer Zeit lebte auf Erin ein angesehener und wohlhabender Mann, der wegen seiner Kunstfertigkeit auf der Harfe *Calum Cruitire,* Calum der Harfner, genannt wurde. Obwohl Calum und seine Frau bereits lange verheiratet waren, hatten sie keine Kinder. Als sie nun ins vorgerückte Alter kamen, erhielten sie den Besuch eines *Fiosaiche,* eines Sehers.

»Kannst du weissagen?« fragte Calum Cruitire.

»Ein wenig«, sagte der Seher. »Verlangt es dich danach, daß man dir weissagt?«

»Nun«, sagte Calum, »ich würde mir recht gerne von dir weissagen lassen, wenn es etwas gibt, was du weissagen kannst und mir mitteilen möchtest.«

»Gut«, erwiderte der Seher, »ich werde dir weissagen.« Und er verließ das Haus, um mit sich zu Rate zu gehen.

Als der Seher zurückkam, fragte er Calum, ob er Kinder habe.

»Ach nein«, sagte Calum, »wir haben keine Kinder. Es gibt nur uns beide. Auch können wir jetzt keine Kinder mehr erhoffen.«

»Das erstaunt mich sehr«, sagte der Seher, »denn meine Zeichen deuten auf viel vergossenes Blut, mehr als seit vielen Menschenaltern auf Erin vergossen worden ist, und das wegen eines Mädchens, das eure Tochter ist. Und die drei größten Helden im Land werden ihretwegen ihr Leben lassen.«

»Ist das alles, was du mir weissagen kannst?« sagte Calum ärgerlich, denn er glaubte, der Seher mache sich über ihn lustig. »Wenn dem so ist, dann kannst du es für dich behalten. Weder du noch deine Weissagerei taugen etwas.«

»Dennoch sei überzeugt«, sagte der Seher, »daß ich das alles deutlich an den Vorzeichen erkenne.«

»Aber nichts von all dem kann sich ereignen«, sagte Calum. »Meine Frau und ich sind schon alt. Nimmermehr werden wir ein Kind bekommen.« Und er ließ den Seher weiterziehen und gab ihm keinen Lohn.

Doch nicht lange nach der Prophezeiung des Sehers merkte Calums Frau zu ihrem großen Erstaunen, daß sie schwanger war. Und je höher sie mit dem Kind ging, desto bekümmerter wurde Calum. Denn nun glaubte er an all das, was der Seher geweissagt hatte. Und er beschloß, wenn ihnen eine Tochter geboren werden sollte, sie sofort und heimlich an einen weit entfernten Ort zu bringen, wo kein Auge sie sehen und kein Ohr einen Laut von ihr vernehmen würde. Er hoffte, daß so keine der schrecklichen Prophezeiungen des Sehers in Erfüllung ginge.

Nach gebührender Zeit wurde Calums Frau von einem Mädchen entbunden, und Calum erlaubte keinem, sein Haus zu betreten, mit Ausnahme der *Bhean-ghlum,* der Wehmutter. Zutiefst betrübt fragte Calum die Wehmutter, ob sie das Kind nicht selber aufziehen und statt seiner verborgen halten wolle. Und als die Frau, die Lavarcham hieß, darin einwilligte, führte Calum drei Männer zu einer sehr fernen Stelle in den Bergen und höhlte mit ihrer Hilfe einen begrünten Hügel zu einem Obdach aus. In diesen entlegenen Schlupfwinkel zwischen den weiten Hügeln brachte Calum Cruitire heimlich das Kind und die Wehmutter und ließ sie dort zurück mit genug Kleidung und Nahrung für ein ganzes Jahr. Und solange er lebte, sandte er jedes Jahr frische Vorräte. Und sie nannten das Kind Deirdre, das heißt: die Leidbringende.

Vierzehn Jahre lang lebte Deirdre mit Lavarcham, ihrer *Muime,* der Ziehmutter, in der einsamen Hütte zwischen den Hügeln, und die *Muime* lehrte sie alles, was sie selber wußte, über die Vögel und die Blumen und die Bäume. Mit den Jahren wuchs Deirdre zu einem ranken, schlanken Mädchen heran, das schöner war als jedes andere auf Erin. Doch niemand wußte von ihr, denn getreu ihren Schwüren verhinderte die *Muime* sorgsam, daß sie andere Menschen sah oder traf.

Doch in einer stürmischen Winternacht verlief sich ein Jäger in den Hügeln, und müde und frierend legte er sich zur Ruhe nieder neben der begrünten Kuppe, in der sie wohnten, und schlief dort ein. Und im Schlaf träumte er, daß dies der Hügel der Elfen sei, von dem er schon oft gehört hatte, und er flehte in seinem Schlummer laut um Einlaß. Als Deirdre seine Stimme vernahm, fragte sie Lavarcham, was das sei.

»Es ist nichts weiter«, gab die *Muime* zur Antwort, »als die Vögel in der Luft, die einander suchen. Sie sollen zu den Bäumen im Wald fliegen.«

Da rief der Jäger wieder laut in seinem Traum und flehte im Namen Gottes um Einlaß. Und wiederum fragte Deirdre, was das sei, und wiederum wurde ihr erzählt, daß es nichts sei als die Vögel in der Luft, die einander riefen.

»Doch ich hörte, daß der Vogel im Namen Gottes um Einlaß bat«, sagte Deirdre. »Du selbst hast mich gelehrt, daß wir immer tun müssen, was im Namen Gottes von uns verlangt wird, und ich vertraue dir. Ich will dem Vogel öffnen.«

Nachdem sie die Tür der Hütte aufgeriegelt hatte, rief sie den Jäger herein, und als sie sah, daß er fror und hungrig und durstig war, gab sie ihm zu essen und zu trinken und richtete ihm einen Platz am Feuer.

Als jedoch der Jäger Deirdre erblickte, vergaß er auf der Stelle, wie sehr er gefroren hatte und wie hungrig er gewesen war.

»Wenn einige Leute dieses Mädchen, das du hier versteckt hältst, zu Gesicht bekämen, würden sie es nicht lange bei dir lassen«, sagte er zu der *Muime*.

»Schweig«, erwiderte die Alte.

Doch Deirdres Neugier war geweckt. »Was sind denn das für Leute, von denen du redest?« fragte sie den Jäger.

»Ich will es dir sagen«, erwiderte er. »Es sind Naois, der Sohn des Uisne und seine beiden Brüder Aillean und Ardan.«

»Und wie sehen sie aus?« fragte sie.

»Ihre Haare«, erwiderte er, »sind so schwarz wie die Schwingen des Raben, und ihre Haut ist so weiß wie das Gefieder des Schwans. Sie sind so stark wie der Hirsch in den Bergen und so hurtig wie der Lachs im Fluß. Und Naois überragt jeden anderen Mann auf Erin um Haupteslänge.«

»Wie immer sie auch aussehen«, sagte die *Muime,* »scher dich hier hinaus und geh deines Weges. Ein schwarzer Tag ist es gewesen, da Deirdre dich einließ.«

Der Jäger, auf diese Weise entlassen, ging von dannen. Doch

unterwegs kam ihm der Gedanke, daß Conachar, der König von Ulster, wie der Seanachie es ausdrückte, »allein und einsam morgens aufstand, ohne eine heimliche Geliebte, ohne ein redelustiges Eheweib an seiner Seite«. Er stellte sich vor, daß Conachar, sollte er Deirdre sehen, sie gewiß mit sich nach Hause nehmen würde, was zum Vorteil aller Beteiligten wäre, einschließlich seiner selbst. Also begab er sich auf kürzestem Wege zu Conachars Schloß.

Als er zur königlichen Audienz zugelassen war, sagte er: »Ich habe die schönste Jungfrau auf ganz Erin erblickt.«

Die Neugier des Königs war geweckt. »Willst du mich an den Ort führen, wo sie wohnt?« fragte er. »Ich werde dir deine Mühe auch lohnen.«

»Nun, das könnte ich wohl«, sagte der Jäger und dann leiser, »wenngleich man dies wahrscheinlich nicht begrüßen wird.«

Gleich am folgenden Morgen erhob sich Conachar vor Tagesanbruch; zusammen mit dem Jäger und mit seinen Blutsverwandten, den drei heldenhaften Söhnen des Fearchar, Sohn des Ro, begab er sich auf die Suche nach dem begrünten, sonnenbeschienenen Hügel, in welchem die liebliche Deirdre wohnte. Der Weg war lang und mühsam, und als sie die Stelle erreichten, wo die Hütte lag, waren sie fußwund und müde.

»Dort unten ist es jetzt, am Grunde der Bergschlucht«, sagte der Jäger. »Ich für meinen Teil will der alten Frau nicht näher kommen als bis hierher.« Und er kehrte um.

Conachar und seine Gefährten aber schritten hinunter zu dem Hügel und klopften laut an die Tür.

Aber so sehr sie auch klopften, die *Muime* öffnete die Tür nicht.

»Öffne«, sagte Conachar, »und du wirst ein besseres Haus als dieses hier bekommen, wenn wir wieder daheim sind.«

»Ich möchte kein besseres Haus haben als meine eigene kleine Hütte«, sagte die *Muime*.

»Wenn du deine Tür nicht freiwillig öffnest, werden wir es mit Gewalt tun«, sagte der König, der langsam zornig wurde.

»Wer ist es denn, der Einlaß begehrt?« fragte sie.

»Ich bin es, Conachar, König von Ulster«, erwiderte Conachar ungeduldig. Worauf die alte Frau voll großer Scheu die Tür öffnete und Conachar einließ und so viele seiner Gefolgsleute, wie Platz fanden.

»Als der König die Jungfrau ansah, die da vor ihm stand«, berichtet der Seanachie, »meinte er, nie zuvor ein Mädchen von der Schönheit Deirdres gesehen zu haben. Und er schenkte ihr die ganze Fülle seines liebenden Herzens.«

Deirdre wurde sogleich auf die Schultern von Fearchars starken Söhnen gehoben und mit der *Muime* zu König Conachars prächtigem Schloß gebracht.

König Conachars Liebe für Deirdre war so groß, daß er sie auf der Stelle heiraten wollte. »Doch Deirdre«, berichtet der Seanachie, »wollte dies keineswegs.« Sie habe, so sagte sie, nie zuvor unter Menschen gelebt und kenne die Aufgaben einer Ehefrau nicht, wisse nicht einmal, was sich für ein junges Mädchen schicke. Wenn er ihr einen Aufschub von nur einem Jahr gewähren wolle, so werde sie ihn danach heiraten. Also gesellte König Conachar ihr eine Frau zu, die sie unterrichtete, und einige fröhliche, doch vornehme und sittsame Gespielinnen, und je häufiger der König Deirdre sah, desto besser gefiel sie ihm.

An einem sonnigen Tag, als Deirdre und die Mädchen in den Hügeln weilten, sahen sie drei Reisende des Weges kommen. Als die Männer sich näherten und Deirdre sie deutlicher sehen konnte, kamen ihr die Worte des Jägers wieder in den Sinn, und sie wußte, daß dies die drei starken Söhne des Uisne waren und daß der größte und schönste Naois sein mußte. Die Brüder gingen vorbei, ohne den Mädchen auch nur einen Blick zu schenken.

Doch als Deirdre Naois betrachtete, überkam sie ein Gefühl, das sie nie zuvor empfunden hatte, und sie spürte sogleich, daß sie ihm folgen mußte, wo immer er auch hinging. Sie erhob sich also, verließ ihre Gefährtinnen und folgte den Brüdern. Als Aillean und Ardan, die wußten, daß sie die Braut ihres Blutsverwandten König Conachar war, sie nachkommen sahen, fürchteten sie um ihren Bruder und drängten Naois, schneller zu gehen, denn sie hätten noch einen langen Weg bis zum Einbruch der Nacht vor sich.

Doch Deirdre rief Naois laut nach: »Naois, Sohn des Uisne, willst du mich zurücklassen?«

»Was ist das für ein Ruf?« fragte Naois seine Brüder. »Ich weiß ihn nicht zu beantworten, aber ich kann ihm auch nicht widerstehen.«

»Es ist nur der Schrei von Conachars Graugänsen«, erwiderten seine Brüder. »Laß uns weitergehen.«

Doch Deirdre rief ihm ein zweites und drittes Mal nach. Und beim dritten Mal sagte Naois: »Das ist ein Ruf aus großer Not. Als Ritter kann ich nicht weitergehen, ohne herauszufinden, von wo er kommt.«

Und als sie sich trafen, küßte Deirdre Naois dreimal auf die Lippen und jeden seiner Brüder einmal. Dann nahm Naois Deirdre auf seine Schultern, rief seinen Brüdern zu, noch schneller zu gehen und schlug die Richtung zur Küste ein, denn er wußte, daß er nun nicht länger auf Erin bleiben durfte.

Naois und seine Brüder erreichten rechtzeitig ihr Langboot und segelten mit Deirdre nach Alba. Und in Alba lebten Deirdre und Naois und seine beiden Brüder glücklich zusammen in einem Turm am Ufer des Loch Etive in Argyll, dem Küstenland der Gälen, wo sie im Fluß den Lachs fischen und auf den Hügeln den Hirsch jagen konnten. Bis auf den heutigen Tag wird die Stelle noch mit *Dun MacUisneachan* bezeichnet, die Festung der Söhne des Uisneach.

Inzwischen war das Jahr, nach dessen Verlauf Deirdre Conachar hätte heiraten sollen, verstrichen, und Conachar gedachte ein großes Fest zu geben. An seine vielen Blutsverwandten auf ganz Erin sandte er Boten, die zum Fest luden. Doch zu Naois und seinen Brüdern, die seine Vettern waren, sandte er arglistig als besonderen Sendboten seinen Onkel Fearchar MacRo, der auch deren Onkel war. Er sollte sie von dem Fest unterrichten und Sorge tragen, daß sie auch kämen. Denn Conachar war fest entschlossen, wenn Naois sich nach Erin locken ließ, ihm Deirdre mit Gewalt zu nehmen, ob sie nun einander angetraut waren oder nicht.

Als Fearchar in Alba eintraf, hießen ihn seine drei Neffen willkommen und nahmen arglos Conachars Einladung an. Nur Deirdre ahnte Böses und stimmte ein Lied darüber an:

Ich sehe Conachar nach Blut dürsten.  
Ich sehe Fearchar voller Heimtücke.  
Ich sehe drei Brüder niedergestreckt.  
Ich sehe Deirdre tränenreich.

Doch Fearchar redete weiter auf die Brüder ein.

»Ich für meinen Teil«, sagte er spöttisch, »habe nie das Heulen der Hunde und die Ahnungen der Frauen gemocht und beachtet. Conachar hat euch eine freundliche Einladung geschickt. Es wäre unfreundlich, wenn ihr nicht kämt. Meine drei Söhne und ich wollen euch beschützen.«

Also machten sich die Söhne des Uisne auf nach Erin, und Deirdre, zwar Ärgstes vorausahnend, ging mit ihnen.

Als Conachar von der Landung Naois und seiner Brüder in Ulster erfuhr, gab er Befehl, sie in einem Haus unterzubringen, das voller Söldner steckte.

Und als die Söldner die Söhne Uisnes kommen sahen, lachten sie laut. Doch Naois lachte lauter als sie alle.

Dann fragte Naois den Anführer der Söldner, warum er und seine Leute lachten.

»Weil ich«, gab dieser zur Antwort, »noch nie Männer gesehen habe, an denen ich mich lieber gütlich täte, als an euch dreien. Und nun sag mir, du großer Held, worüber hast du denn gelacht?«

»Ich habe gelacht«, sagte Naois und richtete sich zu seiner vollen Größe auf, »weil ich in meinem ganzen Leben noch nie Männer gesehen habe, deren Köpfe ich lieber abschlagen würde.«

Woraufhin er den Worten die Tat folgen ließ und mit Ardan und Aillean über die Söldner herfiel und angefangen bei ihrem Anführer einen nach dem anderen tötete. Danach säuberten er und seine Brüder und Deirdre das Haus, entzündeten ein großes Feuer und, so berichtet der Seanachie, »hatten es halbwegs behaglich bis zum Morgen«.

Am nächsten Tag sandte Conachar, mehr als je entschlossen, Deirdre zurückzugewinnen und sich Naois und seine Brüder vom

Hals zu schaffen, dreihundert weitere Krieger zu ihnen, dann nochmals dreihundert und dann wiederum dreihundert. Doch den Söhnen des Uisne gelang es, sie niederzukämpfen. Ihnen stand mutig Fiallan Fionn zur Seite, ihr Vetter und der jüngste von Fearchars drei Söhnen, der sich als einziger der Brüder an das Versprechen des Vaters hielt, Beistand zu leisten. Sie kämpften den ganzen Tag und die ganze Nacht; und dann, kurz vorm ersten Tageslicht, sagte Naois, daß es nun an der Zeit sei zu gehen, und gemeinsam brachen sie auf zu der Stelle, wo ihr Langboot lag.

Als König Conachar das erfuhr, wandte er sich an Duanan Gacha Draogh, den Druiden des Hofes. »Ich habe große Summen darauf verwandt, Duanan Gacha Draogh«, sagte er, »dich auszubilden und zu einem Druiden schulen und in alle druidischen Geheimnisse einweihen zu lassen. Und trotz alledem gehen diese vier jetzt aus meinem Land fort, ohne mir auch nur den geringsten Respekt erwiesen zu haben und ohne daß ich es verhindern könnte.«

»Überlaß das mir«, sagte der Druide zuversichtlich, »ich werde sie zur Umkehr zwingen.« Und er ließ einen dichten Wald vor ihnen emporwachsen. Doch die Kinder des Uisne durchdrangen gewandt den Wald, und Naois führte Deirdre an der Hand. Und wiederum beklagte sich Conachar über ihre mangelnde Hochachtung ihm gegenüber.

»Jetzt werde ich etwas anderes versuchen«, sagte der Druide. Und dieses Mal ließ er die grauen Wellen des Meeres die grasbewachsene Ebene, die vor ihnen lag, überfluten. Doch Naois hob Deirdre auf seinen Rücken und watete mit seinen Brüdern durch die Wellen des Meeres.

»Das war schon besser«, sagte Conachar, »doch es war noch nicht gut genug. Diese Geschöpfe erweisen mir weiterhin keinerlei Ehrerbietung.«

»Wir werden etwas anderes versuchen«, sagte der Druide. Und er ließ die Wellen des Meeres zu zerklüfteten Eisklippen gefrieren. Es war bitter kalt, und als sich die Kinder des Uisne durch diese Eiswüste kämpften, verließen Ardan die Kräfte und er rief, daß er nicht mehr gehen könne. Und Naois nahm ihn auf die Schultern und trug ihn, doch es war zu spät. Ardan starb. Dann sagte Aillean, daß er nicht mehr weitergehen könne, und Naois hieß ihn, sich an ihn zu klammern – er würde ihn sicher an Land bringen. »Doch bald schon kam die Schlaffheit des Sterbens über ihn«, berichtet der Seanachie, »und sein Griff lockerte sich.« Und als Naois sah, daß die beiden Brüder, die er so innig liebte, tot waren, da wollte er nicht mehr weiterleben. Ihm brach das Herz, und auch er starb mitten im gefrorenen Meer. Deirdre allein blieb lebend zurück.

»Ich habe getan, was du von mir verlangtest«, sagte Duanan, der Druide, zu König Conachar. »Die Kinder des Uisne sind tot und werden dir nicht nochmals Verdruß bereiten, während deine künftige Gemahlin gesund und kräftig ist.«

»Wohl getan, Duanan«, erwiderte der König. »Nicht länger dauert mich das Geld, das ich für dich aufwendete. Laß jetzt das Meer austrocknen, damit ich Deirdre erblicken kann.«

Als das Meer ausgetrocknet war, sahen sie die drei Brüder leblos auf dem weichen grünen Rasen liegen, und Deirdre stand über ihre Körper gebeugt und weinte bitterlich. Da gab der König Weisung, ein Grab zu graben und die Söhne des Uisne darin Seite an Seite zu bestatten. Und als die Körper der drei Brüder in das Grab gelegt waren, rief Deirdre den Toten zu:

*»Nan robh ciall aig marbh,*
*Dheanadh sibhs' aite dhomhsa.«*
»Wenn die Toten ein Einsehen hätten,
würden sie Platz für mich machen.«

Daraufhin legte sie sich in das Grab neben Naois, und auch sie starb.

Als König Conachar das sah, befahl er, Deirdres Leichnam aus dem Grab zu nehmen und auf der anderen Seite eines kleinen Sees zu bestatten. Dies wurde getan und das Grab zugeschüttet. Doch bald wuchs eine junge Kiefer aus Deirdres Grab und eine andere aus dem Grabe Naois', und die Zweige der beiden Kiefern verflochten sich über dem Wasser des kleinen Sees.

# Die Geschichte von Diarmid und dem grossen Eber

Bis auf den heutigen Tag ist der Clan Campbell der festen Überzeugung, als seinen Ahnherrn den großen Helden *Diarmid O Duibhne* anführen zu können, der Wundertaten an Tapferkeit vor mehr als zehn Jahrhunderten auf Erin und in Alba vollbrachte. Darum werden die Campbells auch manchmal *Siol Diarmid* genannt, der Stamm des Diarmid.

Diarmid O Duibhnes Mutter war eine Schwester des Fionn MacChumail oder MacCoul, einem Stammeshäuptling von hohem Rang, berühmt als der Anführer der Fians, einer edlen Schar von Kriegern, unter denen jeder ein Held war. Inzwischen wuchs der junge Diarmid, ein schöner und kräftiger Bursche, heran und wurde genau wie sein Onkel Fionn unter den Fians für Mut, Scharfsinn und für die Schnelligkeit seiner Füße berühmt, alles wertvolle Eigenschaften im Gefecht oder in den meisten anderen Lebenslagen. Bald stand er in dem Ruf, der drittmutigste aller Fians zu sein.

Doch war Diarmid nicht nur ein Held. Er liebte die Frauen und wurde auch von ihnen überaus geliebt und galt als *Diarmid Buidhe nam Ban*, als der flachsblonde Diarmid der Frauen. Dies war nicht nur auf seine schöne Erscheinung und auf sein einnehmendes Wesen zurückzuführen, sondern auch auf das *Ball seirc,* eine Art Schönheitsfleck oder Liebesmal hoch oben auf seiner linken Schläfe, welches, wenn es sichtbar war, sofort jede auch nur zufällig anwesende Frau dazu brachte, sich leidenschaftlich und verzweifelt in ihn zu verlieben. Um nun mehr Zeit für Kampf und Jagd und anderes männliches Trachten zu haben, pflegte Diarmid meistens einen festsitzenden Helm zu tragen, der das Liebesmal wirksam verdeckte und ihn mit unerwünschten romantischen Liebschaften verschonte.

Als Diarmid ins Mannesalter kam, begann sein Onkel Fionn, dem er sehr zugetan war, nach einem Eheweib für sich zu suchen. Da er nicht mehr in der Blüte der Jugend stand, war er sorgfältig darauf bedacht, eine Frau zu wählen, die in jeder Beziehung zu ihm paßte. Deshalb stellte er eine Liste von Fragen zusammen, mit denen er seine künftige Gemahlin zu prüfen gedachte. Nur eine Jungfrau konnte sie alle zur Zufriedenheit beantworten: Grainne oder Grania, die reizende Tochter des Cormac O'Coulin, Earl of Ulster. Die meisten Fragen und Granias Antworten sind schon lange in Vergessenheit geraten. Einige wenige noch überlieferte erscheinen im nachhinein entlarvend. Auf die Frage: Was ist heißer als Feuer? lautete ihre unverzügliche Antwort: Die Wahl, die eine Frau zwischen zwei Männern trifft. Gefragt, was schneller als der Wind sei, gab sie zur Antwort: Der Vergleich, den eine Frau zwischen zwei Männern zieht. Welches ist das kostbarste Kleinod? Ein Messer. Was ist schwärzer als der Rabe? Der Tod. Doch Fionn war angetan von ihren Antworten, und die Vorbereitungen für die Hochzeit wurden getroffen.

Es war die glänzendste Hochzeit, die es seit Jahren in Ulster gegeben hatte. Alle Edelleute und vornehmen Stände auf Erin waren zum Hochzeitsschmaus geladen, der sieben Tage und sieben Nächte andauerte. Die Fians waren große Jäger, und nachdem die Hochzeitsgäste ihr Festmahl gehalten hatten, bereiteten sie ein eigenes Festessen für ihre Jagdhunde. Man kann sich denken, daß es viel Schnappen und Knurren gab. Dann auf einmal brach zwischen zwei großen Irischen Wolfshunden ein Kampf aus. Wie wild versuchten sie sich gegenseitig an die Gurgel zu fahren. Tatkräftig griff Diarmid ein. Er warf sich mutig in den Tumult und riß die großen haarigen Biester einfach mit äußerster Kraft auseinander. Doch in dem Kampf fiel ihm der Helm vom Kopf und legte für alle sichtbar nicht nur den schönen flachsblonden Haarschopf bloß, sondern auch hoch oben auf seiner linken Schläfe *Ball seirc*, das Liebesmal.

Rasch setzte Diarmid seinen Helm wieder auf und blickte dabei scheu auf eine Gruppe einfältig lächelnder Brautjungfern. Doch zu seiner großen Erleichterung waren sie zu sehr mit sich selbst beschäftigt, um irgend etwas bemerkt zu haben. Doch über die Länge der großen Halle fing er plötzlich den Blick der lieblichen Grania auf, die jetzt durch Heirat seine Tante war, und er wußte sofort, daß das Liebesmal seine Wirkung getan hatte.

Diarmid befand sich in einer überaus unangenehmen Lage. Sein Onkel war ihm teuer; er war vom Knabenalter an von ihm großgezogen worden, und als Anführer der heldenhaften Fians war Fionn jemand, den er sich nicht zum Gegner machen durfte. Grania kannte er kaum. Mit der Fülle ihres kastanienbraunen Haars, mit ihren grünen Augen und ihrem schlanken, doch sinnlichen Leib war sie wahrlich von einer Schönheit, die jedem gefallen mußte, und sie waren fast gleich alt. Bis dahin hatte er einer erfreulichen, vielleicht sogar leicht koketten Beziehung zwischen Neffe und Tante entgegengesehen. Doch er kannte das *Ball seirc*. Er kannte die verheerenden Leidenschaften, die es weckte und das Ungemach, das es ihm schon bereitet hatte. Und sein Herz sank.

Ihr erstes Zusammentreffen geschah noch am gleichen Abend, als ihm Grania in einem der Gänge von Fionns großem Schloß entgegentrat.

»Heute nacht noch mußt du mich von hier fortbringen«, flüsterte sie leidenschaftlich, und Diarmid spürte, wie sich ihr Körper dem seinigen in der Dunkelheit näherte.

»Das kann ich nicht«, sagte er und zog sich vor ihr zurück und fügte dann ein wenig kraftlos, wie ihm schien, hinzu: »Sieh doch, ich liebe meinen Onkel.«

In diesem Augenblick öffnete sich weiter hinten im Gang eine Tür, und zu Diarmids großer Erleichterung trat Fionn selbst heraus. Dieses Mal war er noch davongekommen. Doch Diarmid ahnte, daß es erst der Anfang war. Und ärger noch, als er an den kurzen Augenblick in dem zugigen Gang zurückdachte, wußte er nur zu gut, daß auch seine Leidenschaft geweckt war, daß er Grania genauso begehrte wie sie ihn.

Um sein heldisches Gewissen zu beruhigen, versuchte er am nächsten Tag, über Grania einen Zauberspruch zu verhängen. Er konnte nicht sicher sein, ob er seine Wirkung tun würde. Fast hoffte er, er täte es nicht. Doch er mußte es wenigstens versuchen. Er führte sie in einen verschwiegenen Winkel des Schloßgartens, wohin sie ihm nur allzu bereitwillig folgte, und sprach feierlich über sie den Zauberspruch aus, wie er ihm von einem kenntnisreichen alten Hexenmeister vorgesagt worden war.

»Ich will dich nicht im Freien berühren«, sagte er. »Ich will dich nicht unter einem Dach berühren. Ich will dich nicht auf dem Pferd berühren. Ich will dich nicht berühren, wenn du stehst. Ich will dich nicht bei Nacht berühren. Ich will dich nicht bei Tag berühren. Ich will dich nicht berühren, wenn du bekleidet bist. Ich will dich nicht berühren, wenn du nackt bist.«

Nachdem er sich auf diese Weise angemessen seines Zauberspruchs entledigt hatte, begab er sich mit seinen beiden Lieblingshunden nicht weit von Fionns Schloß in eine Jagdhütte, wo er für sich allein sein konnte.

Doch lange blieb er nicht für sich allein. Im Zwielicht des Abends, zwischen Tag und Nacht, öffnete sich die Tür der Jagdhütte und Grania zeigte sich auf der Schwelle, halb drinnen und halb draußen. Man konnte nicht sagen, daß sie bekleidet war, doch genau genommen war sie auch nicht nackt. Sie trug ein fast durchsichtiges Hemd aus *Canach an t-sleibh,* dem Reif der Berge, das eigens für diese Gelegenheit von einer befreundeten Elfin angefertigt worden war und das wirkungsvoll ihre ungewöhnlichen Reize eher enthüllte als verbarg. Auch war sie bei diesem Auftritt nicht zu Fuß, noch eigentlich auf dem Rücken eines Pferdes. Sie saß nämlich rittlings und keck auf einem ungeheuren Ziegenbock, eine Pose, die in der Abenddämmerung sowohl die Wollüstigkeit ihrer Erscheinung als auch ihre Wirkung auf Diarmids Sinne erhöhte. Wenn er auch ein Held war, so wußte er doch, wann er geschlagen war. Sein Onkel war vergessen, der Ziegenbock wurde rasch an einem griffbereiten Ring an der Tür der Jagdhütte festgebunden und Grania stillschweigend nach innen gezogen.

Sie erwachten am nächsten Morgen mit der jähen Erkenntnis, daß sie, was immer sie sonst auch tun mochten, nicht bleiben konnten, wo sie waren. Wenn Fionn MacCumhail Grania vermißte, würde er – nur eine knappe Meile entfernt – die Fians zusammenrufen und bewaffnen und sich an eine wütende Verfolgung machen. Und Fionn und die Fians waren, wenn kampfeswütig, eine furchtbare Streitmacht. Also lösten sie sich aus ihrer Umarmung, erhoben sich eilends von ihrem Lager, kleideten sich mit dem Notdürftigsten an, schwangen sich auf zwei der schnellsten Pferde Diarmids und tauchten Hals über Kopf in die schützende Tiefe der großen Kiefernwälder ein, welche in jenen Tagen einen großen Teil Irlands und fast ganz Schottland bedeckten. Nur der Ziegenbock, inzwischen leicht reizbar, blieb zurück, um der Hauptwucht von Fionns verletzten Gefühlen zu begegnen.

»Es gibt keinen Ort«, sagte Diarmid verzweifelt, »an den wir uns begeben können, ohne daß Fionn uns nicht findet, wenn er seinen Zahn des Wissens berührt. Er wird mich dafür töten, daß ich dich nahm.«

»Wir werden nach Carraig gehen«, erwiderte Grania. »Es gibt so viele Carraigs, daß er niemals wissen wird, wo wir eigentlich sind.«

Also schifften sie sich ein und begaben sich zum *Carraig an Daimh,* dem Hirschfelsen in Kintyre jenseits des Meeres. Doch Fionns Verfolgung hielt mit ihnen Schritt, und sie mußten weiterziehen. Ihre Flucht führte sie durch einen großen Teil Albas und auch bis auf die Inneren und Äußeren Hebriden. Sie verbargen sich in den Wäldern zwischen den Zweigen der Bäume, in zufällig entdeckten Jagdhütten oder in Höhlen am Meeresufer. Eines Nachts, als sie in einer Höhle bei Kenavara auf der Insel Tiree, die auch jetzt noch als eines ihrer Verstecke gilt, Zuflucht genommen hatten, stürmte es so sehr, daß sich Diarmid tiefer in die Höhle zurückzog und Grania, der das Heulen des Sturmwindes gefiel, zum Schlafen am Eingang zurückließ. Doch in eben dieser Nacht kam mit dem Sturm ein wilder und lüsterner, alter Mann mit Namen *Ciuthach Mac-an Doill,* das ist Ciuthach, Sohn der Dunkelheit, mit seinem zweirudrigen Coracle an Land. Er fand Grania am Eingang der Höhle und warf sich auf sie. Und Grania war ihm gegenüber nicht gleichgültig. Sie rief sogar laut nach Diarmid, der noch im hinteren Teil der Höhle schlief, und spottete seiner und sagte, daß sie noch nie einen solchen Liebhaber besessen habe, obwohl sie viele Nächte mit dem drittmutigsten Mann der Fians zusammen gewesen wäre. Worauf sich Diarmid, durch ihre Hohnrufe erwacht, im Zorn erhob, den alten Mann, der zäh und stark war, ergriff und ihn nach einem schrecklichen Kampf mit dem Speer durchbohrte. Und Mac-an Doill stieß im Todeskampf einen Schrei aus, der entsetzlich durch das Innere der Höhle und hinaus über das sturmgepeitschte Meer hallte.

Diarmid und Grania setzten ihre Flucht fort, denn an eine Umkehr war nicht zu denken. Sie gelangten von der Insel Skye über das Meer nach Glen Eilg.

Und es geschah, daß Fionn und die Fians nach Glen Eilg kamen, um den wilden Eber zu jagen. In einem Dickicht fanden sie Fußspuren, die Fionn als die seines Neffen erkannte. Doch die Fians wollten ihm nicht glauben und meinten, daß Diarmid inzwischen bestimmt tot sein müsse.

»Wir wollen ›*Foghaid*‹ rufen«, sagte Fionn, »den Jagdruf der Fians, denn er hat geschworen, ihn zu beantworten, wo immer er sich auch befindet.« Also riefen sie *»Foghaid«* und Diarmid hörte sie.

»Antworte nicht, oh Diarmid«, sagte Grania. »Es ist eine Falle.«

Doch Diarmid antwortete, wie er es geschworen hatte und ging hinunter zum Ufer, wo Fionn und die Fians ihn erwarteten. Als Fionn ihn erblickte, brachte er es nicht über sich, Hand an den Sohn seiner Schwester zu legen. Statt dessen lud er ihn ein, an der Jagd teilzunehmen.

Das Tier, das sie jagten, war der große Eber von Caledon, ein gewaltiger Keiler, weit und breit berüchtigt für seine Wildheit und für den Schaden, den er angerichtet hatte. Und Diarmid, der glücklich war, unter seinen ehemaligen Gefährten zu sein, jagte den großen Eber den Ben Eidin und den Ben Tuirc hinauf und hinab, und schließlich stellte er ihn am Ende eines engen Tals und trat ihm offen entgegen. Mit seinen großen Hauern und seinem massigen Körper war der Eber ein fürchterlicher Gegner. Sogar Diarmids Schwert, für ihn von dem berühmten Schmied Con MacLiobhain geschmiedet, vermochte nur wenig gegen die wilden Ausfälle des Ungeheuers. »Seine gehärtete Klinge«, berichtet der Seanachie, »krümmte sich wie eine welke Binse.« Mit grimmigen Hieben seiner scharfen Hauer hatte der Eber schon die beiden Jagdhunde Diarmids getötet. Schließlich trat Diarmid mit letzter Verzweiflung dicht an den Eber heran und schaffte es mit aller Kraft, seinen Speer in die verwundbare

Weichseite des mächtigen Untiers zu treiben. Daraufhin brach der große Eber nach einem wütenden Ächzen tot zu Boden. Während des Kampfes hatte Fionn halb gehofft, daß der Eber ihm die Arbeit abnehmen würde, indem er Diarmid tötete. Doch sein Neffe lebte und war jetzt als der Töter des großen Ebers mehr denn je ein Held. Achtlos hatte Diarmid seinen Helm abgenommen, um seine Stirn zu trocknen und auf diese Weise das *Ball Seirc* enthüllt, und Grania klammerte sich selbst jetzt, ungeachtet der Anwesenheit ihres Gemahls, in tiefer Bewunderung an ihn.

Die Fians besprachen indessen nach Jägerart Größe und Gewicht der Beute, die wie ein großes, schwarzes, umgekehrtes Boot vor ihnen lag. Dann sagte einer von ihnen, der Diarmid nicht zugetan war:

»Warum versucht nicht Diarmid, der große Held, den Eber abzumessen, indem er die Länge seines Rückens von einem Ende zum anderen abschreitet?«

Und Diarmid maß den Eber, indem er an seinem Rücken entlang von der Schnauze bis zum Schwanz schritt und erklärte, daß seine Länge sechzehn Fuß betrage. Doch der Fian, der wußte, daß auf dem Rücken des Ebers giftige Borsten saßen, forderte ihn auf, ihn nochmals abzumessen. Und dieses Mal schritt Diarmid ihn in umgekehrter Richtung ab, vom Schwanz zur Schnauze, gegen den Strich der Borsten. Und eine der Borsten drang in seinen Fuß und er wußte auf der Stelle, daß er vergiftet war. In Todesschmerzen sank er zu Boden und flehte Fionn, den Bruder seiner Mutter, an, ihm zu helfen. Und ohne an sich zu denken, empfand Fionn Mitleid mit seinem Neffen.

»Wie kann ich dir helfen?« fragte er.

»Ich könnte durch einen Schluck Wasser aus deinen Händen gerettet werden«, erwiderte Diarmid.

Fionn ging zur Quelle, um das Wasser zu holen. Doch als er mit dem Wasser in seinen Händen umkehrte, dachte er an Grania, und seine Hände zitterten vor Wut und er verschüttete das Wasser. Dann dachte er wieder an Diarmid, hatte Mitleid mit ihm und machte kehrt, um nochmals Wasser zu holen. Doch bevor Fionn ihn erreichen konnte, starb Diarmid, und als er starb, stieß er im Todeskampf einen schauderhaften Schrei aus.

»War dies nicht der gräßlichste Schrei, den du je vernommen hast?« fragte Fionn Grania.

»Nein«, erwiderte sie kühl, denn sie erinnerte sich an den Schrei des alten Mannes in der Höhle, als er von Diarmid getötet wurde. »Ciutachs Schrei war gräßlicher.«

»Und die Fians«, fährt der Seanachie fort, »ergriffen Grania und verbrannten sie auf einem Scheiterhaufen aus grauem Eichenholz.« Und auch sie schrie, als die Flammen wild an ihrem wohlgestalteten Körper emporschossen.

»Und in demselben Erdloch wie das Wildschwein«, so lautet der Refrain des berühmten Liedes über Diarmid, »begruben wir auch Grania, die Tochter des Cormac O'Coulin. Und die beiden Jagdhunde. Und Diarmid.«

* * *

Von Diarmid leiten die Campbells einen Eberkopf als ihr Wappenzeichen ab, doch wie die Dukes of Argyll und ihr Clan vom flachsblonden Diarmid der Frauen abstammen, berichtet die Geschichte nicht. 1859 allerdings fügte eine gewisse Mary MacTavish, die eine anerkannte Expertin auf diesem Gebiet war, ihren eigenen Kommentar diesem Umstand bei. »Ich habe nie gehört«, erklärte sie, »*wer* seine Frau war, doch sie wurde geachtet als eine tugendhafte und treffliche Person.« Die MacTavishes, wie man sehr wohl weiß, stammen aus dem Geschlecht des Clan Campbell und sind rechtschaffen stolz darauf.

# Eilean Fraoch

Aus den tiefen und eisigen Gewässern von Loch Awe zwischen den grünen Hügeln Argylls erhebt sich eine Insel, die den Namen *Eilean Fraoch* trägt. Einige sagen, daß dies einfach nur Heide-Eiland bedeute, andere, daß der Name von dem Helden Fraoch stamme. Über Fraoch wird folgende Geschichte erzählt.

Fraoch, Sohn des Fiadhach, war so mutig wie er schön war, und so hochherzig wie er mutig war. Sein Haar, erzählt der Barde, war so schwarz und so glänzend wie das Federkleid des Raben. Seine Augen waren blau, seine Haut war weißer als frischgefallener Schnee und seine Lippen, nach deren Kuß die Frauen sie sehnten, waren so rot wie Waldhimbeeren. Sein Schild war so breit wie eine Tür und sein Speer so lang wie eine Schifferstange und ihm lächelte Sieg, wo immer er sich auch hinbegab.

Da Fraoch so mutig, so stark, so schön und vor allem so erfolgreich war, hätte er die Gunst fast jeden Mädchens erringen können, das in dem herrlichen Argyll, dem Küstenland der Gälen lebte. Doch er liebte nur eine, die holde Morag. Sie war die Tochter des Corul von den Vollen Kelchen, eines Stammeshäuptlings, der weit und breit für seine verschwenderische Gastfreundschaft bekannt war, und von Coruls reizendem Weib Maeve.

Maeve, derem Aussehen die Zeit anscheinend nichts hatte anhaben können, war ebenso schön wie ihre Tochter. Ein Fremder hätte die beiden auf den ersten Blick sogar für Schwestern halten können. Doch für ein geübtes Auge hatte die Schönheit Maeves durch die Jahre eine feine Vornehmheit und Würde gewonnen, die der kleinen Morag, bei all ihrer jugendlichen Frische, noch fehlte. Doch Fraoch, ob aus einem gebotenen Gefühl für Schicklichkeit oder einfach weil er den Unterschied nicht bemerkte, oder vielleicht weil er geschmeichelt war von den Gedichten, die Morag beständig auf ihn schrieb und in denen sie seine Schönheit, seine Kraft und seinen Mut pries, hatte nur Augen für sie.

So oft es Fraoch möglich war, kam er in Coruls Schloß am Ufer von Loch Awe, um der holden Morag den Hof zu machen, mit Corul von den Vollen Kelchen zu zechen und um sich selbstredend Maeve, seiner künftigen Schwiegermutter, so angenehm wie möglich zu machen.

Maeve unternahm nun nichts, was ihn hätte davon abhalten sollen. Wenn Fraoch vor das große Schloßtor geritten kam, war sie es, die sich einfand, um ihn zu begrüßen. Wenn er dann mit Corul einige Zeit zechend verbracht hatte, war es Maeve, die meinte, daß er vielleicht inzwischen genug getrunken und jetzt möglicherweise Lust auf ein ruhiges Gespräch mit ihr in ihren eigenen Gemächern oder bei einem Spaziergang entlang dem heiteren Ufer von Loch Awe habe. Morag wurde währenddessen mit irgendeiner langwierigen, doch notwendigen Aufgabe im Haus betraut.

Fraoch, der ungeachtet seiner Wohlgestalt, seiner Kriegstaten und seiner küssenswerten Lippen nur wenig Erfahrung mit Frauen hatte, ging auf Maeves Vorschläge bereitwillig ein und merkte schließlich, daß er mehr Zeit mit seiner künftigen Schwiegermutter als mit seiner Braut verbrachte. Dies, so redete er sich ein, hatte schon seine Richtigkeit. Er wollte ja gemeinsam mit der kleinen Morag durchs Leben gehen. Da war es nur gut, daß er im augenblicklichen Stadium so viel Zeit wie nur möglich darauf verwandte, ihre Mutter kennenzulernen.

Die Monate verstrichen. An einem warmen Sommerabend saß Fraoch zusammen mit Maeve in ihren privaten Gemächern, während sich Corul und seine Zechkumpane in der großen Halle des Schlosses einen Rausch antranken und Morag in der gepflasterten Küche mit den Vorbereitungen für das nächste große Festmahl beschäftigt war. Da rückte Maeve ein wenig näher als gewöhnlich an Fraoch heran, und plötzlich spürte er, ohne daß ein Wort zwischen ihnen fiel, ihre Hand in der seinen, während ihr Kopf sich an seine Schulter lehnte. »Wenn du nur wüßtest, wie sehr ich dich liebe«, hauchte sie schmachtend.

Der Ton, in dem dies gesagt wurde und der lange, sehnende Kuß, der ihren Worten folgte, bestürzten Fraoch. Er wünschte wahrlich zu

seiner Schwiegermutter ein gutes Verhältnis zu haben, doch so hatte er sich ihre Beziehung nicht vorgestellt. Er löste sich so gut er konnte aus ihrer Umarmung und kam recht linkisch auf die Beine. »Es ist wohl besser, wenn ich gehe und nach Morag schaue«, sagte er. »Sie mag sich wundern, wo ich stecke. Immerhin«, so fuhr er fort, in dem vagen Gefühl, das dies nicht ganz das war, was von ihm erwartet wurde, »bist du immer noch recht schön. Sie könnte sogar eifersüchtig auf dich werden.« Und er lachte.

Hätte Fraoch es nur bemerkt, dann wäre er durch die maßlose Wut alarmiert worden, die für einen Bruchteil einer Sekunde aus Maeves Augen blitzte. Die Worte »du bist immer noch recht schön« hatten sie bis ins Mark getroffen. Und sein heiteres Lachen anschließend war für sie jenseits der Grenze des Erträglichen gewesen. Am heftigsten aber erfüllte sie mit Abscheu, daß sie je auch nur daran gedacht hatte, sich an diesen Flegel wegzuwerfen. Während sie sich ihm gegenüber die plötzliche Veränderung ihrer Gefühle nicht anmerken ließ, wurde es ihr zum wichtigsten Lebensziel, Fraoch zu vernichten.

Auf einer Insel im Loch Awe, berichtet der Seanachie, stand ein Vogelbeerbaum, dessen Früchte nicht nur süßer als Honig schmeckten, sondern alten Menschen die Jugend zurückgeben und drei Tage hindurch den Hunger stillen konnten. Doch um den Baum geringelt lag ein schrecklicher Drache, der zumeist schlief, wobei sein klaffendes Maul am Stamm des Baumes ruhte.

Maeve gab jetzt vor, krank zu sein. Sie zog sich in ihr Schlafgemach zurück, legte sich zu Bett, lehnte jegliche Nahrung ab und war bald von einer interessanten Blässe, die ihre Lieblichkeit noch steigerte. Nach drei oder vier Tagen ließ sie Fraoch zu sich rufen. Angesichts dieses Bildes leidender Schönheit äußerte er seine Teilnahme reichlich unbeholfen und trat verlegen von einem Fuß auf den anderen.

»Du allein«, flüsterte Maeve aus einem Berg von Kissen, »du allein kannst mich retten. Wenn du mir nur eine Handvoll Vogelbeeren von dem Baum auf der Insel holst, werde ich genesen. Wenn nicht, muß ich sterben.« Und sie sank noch tiefer in die Kissen und sah noch zerbrechlicher und bezaubernder aus als zuvor.

Für Fraoch war das Pflücken von Beerenobst Knechtsarbeit und eines berühmten Helden unwürdig. »Zum Obstpflücken habe ich mich noch nie herabgelassen«, erwiderte er, »doch dir zum Wohl«, er zögerte ein wenig, »werde ich es tun.« Und noch in gleicher Nacht wählte er einen Augenblick, in dem der Drache zu schlafen schien, und schwamm leise hinüber zur Insel, schritt vorsichtig über das gewunden liegende Ungeheuer, pflückte eine reichliche Handvoll der zauberischen Vogelbeeren, die er, zurück am Ufer, sogleich Maeve brachte.

Doch Maeve hatte sich das anders vorgestellt. »Das ist gut«, sagte sie, indem sie geziert von den Vogelbeeren pickte, »sehr gut. Dennoch . . .«, und sie sah zerbrechlicher aus denn je, »wenn du, und nur du allein, mir jetzt nicht den ganzen Vogelbeerbaum bringst, an den Wurzeln herausgerissen, sterbe ich.«

Wie schlaftrunken der Drache auch sein mochte, das Entwurzeln des Baumes, an dem er seinen Kopf ruhen ließ, mußte ihn wecken. Und man konnte nicht ahnen, was er, einmal erwacht, alles anstellen würde. Doch Fraoch, als ein berühmter Held, war vor Gefahr noch nie zurückgeschreckt. Es war für ihn der Odem seines Lebens, das, was er in die Waagschale werfen konnte. Und so begab er sich, obwohl fast überzeugt, dem sicheren Tod zu begegnen, wieder hinunter ans Ufer, tauchte in das eisige Wasser des Loch und schwamm mit kraftvollen Zügen hinüber zur Insel.

Der Drache schlief wie gewöhnlich, und Fraoch hatte den Baum

schon mit den Wurzeln herausgezogen und schwamm bereits wieder zurück zum Ufer, als er schließlich doch durch die Geschehnisse erwachte. Und einmal erwacht, bewegte er sich schnell. Es gab einen furchterregenden Platsch, der die Wellen nach allen Richtungen schickte, und wenig später sah Fraoch, daß der Drache ihm nachsetzte und sich beängstigend schnell näherte.

Zwar war Fraoch ein berühmter Held, doch in diesem Augenblick unbewaffnet, denn er hatte Speer und Schild, die ihn behinderten, zurückgelassen. Seine Lage schien verzweifelt. Doch jetzt kam die kleine Morag, »Schönste von Gestalt, mit dem wärmsten Herzen und der weißesten Hand«, ihm zu Hilfe. Sie eilte hinunter zum Ufer und reichte ihrem Liebsten ein scharfes Messer aus Gold, das er flink in den Drachen stieß und so gut traf, daß sich das brodelnde Wasser des Loch rot von seinem Blut färbte. Doch obwohl das Ungeheuer jetzt im Todeskampf lag, gelang es ihm noch, Fraoch mit seinen mächtigen Kinnladen zu packen, und mit dem letzten ersterbenden Zuschnappen preßte es das Leben aus ihm heraus.

»Fraoch«, sagt der Seanachie, »tötete den Drachen, und der Drache tötete Fraoch, und beide brachen gemeinsam tot nieder auf dem Stück Ufer aus blanken Steinen gegen Westen. Die Jungfrau von der schönsten Gestalt fiel in eine Ohnmacht. Als sie erwachte, stimmte sie das Klagelied um Fraoch an, sank dann auf seine Brust und hauchte ihr Leben aus. Ein Steinhügel wurde am Ufer über die Gräber der beiden Liebenden errichtet, und der Steinhügel heißt *Fraoch's Cairn* und die Insel *Eilean Fraoch.*«

Was aus der liebreizenden doch arglistigen Maeve wurde, die all dieses Elend hervorgerufen hatte, berichtet der Seanachie nicht. Doch immer noch kommt es vor, wenn von Loch Awe die Rede ist, daß man es mit seinem alten Namen nennt: Loch Maeve. Also sollte auch sie nicht in Vergessenheit geraten.

# Fluch einer Schwester

Einst lebten zwei verwaiste Schwestern gemeinsam in ihrem Haus an der Südküste der schönen Insel Mull. Die eine hieß Liebliche Margarete, die andere Mausgraue Ailsa. Die Liebliche Margarete war von gertenschlanker Gestalt, hatte eine Haut von schimmerndem Weiß, schwarzes Haar und tiefblaue Augen. Ailsa dagegen war unscheinbar.

Als die Liebliche Margarete einmal allein im Haus weilte, erschien plötzlich ein Fremder. Er war groß und schön, und seine Augen waren ebenso blau wie die ihrigen. Er sagte ihr, daß er hungrig und durstig sei und noch weit von seinem Daheim entfernt. Ob sie wohl etwas zu essen und zu trinken für ihn habe! Da Margarete sein Aussehen gefiel, bat sie ihn herein und forderte ihn auf, sich zu setzen. Sie stellte einen Krug mit Milch und einen Teller mit Haferkuchen und etwas Honig vor ihn auf den Tisch. All dies nahm er dankbar zu sich. Anschließend umfaßte er ihre beiden Hände und sagte, daß ihre Schönheit ihrer Freundlichkeit gleichkäme.

Obwohl Margarete gewiß um ihre Schönheit wußte, bereitete es ihr wie den meisten hübschen Frauen Freude, daran erinnert zu werden, vor allem von einem solch wohlgestalteten Mann. Da er den Teller leergegessen hatte, eilte sie also, um noch mehr zu holen und kehrte sogleich mit einem weiteren Gericht aus Haferkuchen und Honig zurück. Doch zu ihrer Überraschung war der Fremde nicht mehr da. Sie glaubte, daß er vielleicht für einen Augenblick das Haus verlassen habe und trat vor die Tür. Doch wo sie auch hinblickte, sie konnte kein Zeichen von ihm sehen, obwohl das Haus auf einer Anhöhe stand mit freier Sicht meilenweit nach allen Seiten. Ärgerlich räumte sie Honig, Haferkuchen und den Krug mit Milch weg und war, obwohl sie es nicht eingestanden hätte, ein wenig enttäuscht. So plötzlich zu verschwinden, nachdem er ihre Gastfreundschaft genossen hatte, war ungehobelt und zeugte von schlechten Manieren. Dennoch, trotz seines Benehmens, konnte sie nicht leugnen, ihren Besucher gerne näher kennenlernen zu wollen. Irgendwie war er völlig anders als alle Männer des benachbarten Kirchspiels, und eigentlich völlig anders als alle Männer, die ihr je begegnet waren.

Am folgenden Tag begab sich Ailsa, der die Liebliche Margarete nichts von ihrer Begegnung erzählt hatte, auf Besuch zu ihrer bejahrten Tante auf der anderen Seite der Insel. Margarete war wieder allein. Während sie sich im Haus zu schaffen machte, wanderten ihre Gedanken zurück zu ihrem Besucher vom Tag zuvor. Sie mußte sich eingestehen, daß sie ihn gern wiedergesehen hätte, doch die Aussicht darauf schien gering zu sein. Niedergeschlagen und müde hatte sie sich für einen Augenblick an den Tisch in der Mitte des Zimmers gesetzt, als etwas sie aufblicken ließ. In der Türöffnung stand der große blonde Fremde.

Zu ihrer Verwunderung empfand sie die allerreinste Freude, als sie ihn so plötzlich sah. Jegliche Verärgerung über sein jähes Verschwinden am Tag zuvor oder etwa Überraschtheit über sein ebenso jähes Wiederauftauchen, gingen in dem puren Frohlocken unter, ihn jetzt wieder bei sich im Zimmer zu haben. Sie erhob sich zu seiner Begrüßung und wehrte sich nicht, als er sie in seine Arme nahm und voller Verlangen auf die Lippen küßte. Sie dachte flüchtig, soweit sie überhaupt denken konnte, daß es wie ein Bann sei, in den er sie gezogen hatte. Und derselbe erquickende Gedanke ging ihr auch am nächsten Morgen durch den Kopf, als sie verwirrt auf all das zurückblickte, was jener ersten leidenschaftlichen Umarmung gefolgt war.

Die nun folgenden wenigen Wochen waren für die Liebliche Margarete eine Zeit höchster Seligkeit. Es traf sich, daß ihre Schwester einen Großteil ihrer Zeit fern von daheim verbrachte, so daß Margaretes Liebster kommen und gehen konnte, wann er wollte. Wenn sie ihn am wenigsten erwartete, wenn er sie vielleicht erst ein oder zwei Stunden zuvor verlassen hatte, war er plötzlich wieder da und so leidenschaftlich und mitreißend wie immer. Für sie schien er aus dem Nichts Gestalt anzunehmen und sich wieder ebenso plötzlich in Luft aufzulösen. Es war nicht nur die Art seines Auftauchens und Entschwindens, die sie zu der Überzeugung brachte, kein gewöhnliches menschliches Wesen vor sich zu haben, sondern eher einen Fremden aus einer anderen Welt, aus dem *Sith* vielleicht, dem Feenreich. Auch sein Gälisch klang anders als das, was man auf Mull sprach oder gar auf dem Festland. Und sein ganzes Verhalten war dem gewöhnlicher Menschen unähnlich. Selbst auf der Höhe ihres Liebens umgab ihn eine Aura des Fernseins, das sie sowohl zermürbte als auch unwiderstehlich an ihn band. Bald wurden für sie seine heimlichen Besuche das einzige, was ihr im Leben etwas bedeutete.

Ihre Liebe hatte ihr inzwischen eine neue Schönheit verliehen, einen strahlenden Glanz, der keinem, den sie traf, entgehen konnte. Doch auf die Schmeicheleien und die Neugier der Nachbarn reagierte sie unzugänglich und äußerte nur, daß frische Luft und gesunde Ernährung jedem Mädchen eine gesunde Gesichtsfarbe schenkten. Ihr Liebster hatte ihr nämlich eine Sache deutlich zu verstehen gegeben. Wenn sie über seine Besuche irgend jemandem gegenüber auch nur ein Wörtlein hauchte, würde er aus ihrem Leben genauso jäh verschwinden wie er eingetreten war und sich niemals, unter keinen Umständen, wieder bei ihr zeigen.

Nach einigen Monaten kam die Mausgraue Ailsa von dem ungewöhnlich lang ausgedehnten Besuch bei ihrer Tante mit der verwunderlichen Neuigkeit zurück, daß sie einen Freier gefunden habe. Es war Duncan, ein achtbarer Mann von der anderen Seite der Insel, der ein Dutzend Kühe und ein paar Schafe besaß und einige Morgen passables Ackerland, das Hafer und Heu hervorbrachte wie kaum ein anderes auf der Insel. Sie wollten heiraten, sagte Ailsa, und hätten den Tag für die Hochzeit schon festgesetzt.

Die Liebliche Margarete war über diese Nachricht erfreut. Sie würde Ailsas Gesellschaft nicht vermissen, wenn diese nach ihrer Heirat das Haus verließ. Doch war sie ihrer Schwester auch zugetan und wünschte, daß es ihr wohl erginge mit einem Mann, der für sie wie geschaffen schien. Obwohl sie also in erster Linie mit den Dingen ihres eigenen Herzens befaßt war, spürte sie, nicht ohne ein Gefühl der Sühne, daß sie noch ein klein wenig Verständnis für ihre Schwester aufzubringen vermochte. Sie bezweifelte zwar, ob die Empfindungen, die Ailsa für ihren Kleinpächter hegte, überhaupt würdig waren, mit dem Wort Liebe benannt zu werden. Dennoch sprach sie davon, als verhielte es sich so. Es sei die Liebe, so erklärte sie Ailsa ziemlich ausführlich, die die Welt in Bewegung hielte. Und Ailsa, verwundert über die Anwandlung der Schwester, hörte überrascht zu. Es gäbe, sagte Margarete, die sich an ihrem Thema entflammte, nichts was der Liebe gleichkäme. Und Ailsa, die gewiß nicht schwer von Begriff war und schon, wenn ihre Tante schlafen gegangen war, eine Reihe glücklicher Nächte mit ihrem Freier in dessen frisch gemähtem Heu verbracht hatte, erkundigte sich bei der Lieblichen Margarete, was sie denn schon von Liebe wisse, um so schwärmerisch von ihr zu sprechen.

Diese Frage, so klar gestellt, traf Margarete ungewappnet. Das war doch wohl nicht möglich, daß sie, die Liebliche Margarete, von dem Trampel von einer Schwester in fast mitleidigem Ton gefragt wurde, was sie denn schon von Liebe wisse? Das war mehr, als sie ertragen konnte. Also gut. Sie würde es ihr sagen! Sie würde es Ailsa verständlich machen, wenn sie es überhaupt verstehen könnte, was Margarete wirklich von der Liebe wußte. Kaum angefangen, kamen die Worte nur so aus ihr herausgesprudelt, folgte eine vertrauliche Enthüllung der anderen, während die Mausgraue Ailsa wie festgenagelt auf ihrem Hocker saß.

Erst nach einer halben Stunde, als die Flut der Wörter schließlich verebbte, wurde es Margarete klar, was sie getan hatte. Sie hatte getan, was ihr Liebster ihr verboten hatte. Sie hatte einem anderen menschlichen Wesen von ihrer Liebe erzählt. Sie hatte ihr Glück in Gefahr gebracht.

Sofort versuchte sie zu retten, was zu retten war. »Nicht wahr, Schwester«, sagte sie, »du wirst es niemandem erzählen.« »Nein«, antwortete die Schwester, »ich werde es niemandem erzählen; diese Geschichte wird erst dann über meine Lippen kommen, wenn mein Knie zu reden anfängt.« Und Margarete trennte ich einigermaßen beruhigt von ihr.

Doch Ailsa war auch nur ein Mensch. Sie hatte in ihrem eintönigen Leben nicht viele Geheimnisse bewahren müssen, und dieses zu bewahren überstieg ihre Kräfte. Noch in derselben Nacht erzählte sie beim Schein des offenen Feuers der Mutter ihres Freiers unter dem Siegel der Verschwiegenheit von Margaretes geheimnisvollem Liebhaber: wie er plötzlich da wäre und ebenso plötzlich wieder verschwände; wie er leidenschaftlicher und stärker liebte als alle Männer auf Erden; wie er, kurz gesagt, die Liebliche Margarete im Bann zu halten schien.

Die Alte lauschte gierig Ailsas Worten und nickte wissend. Sie hätte, sagte sie, von solchen Dingen schon früher einmal gehört, vor vielen, vielen Jahren. Einer Sache könnten sie jedenfalls ganz sicher sein: Margaretes Liebhaber wäre kein gewöhnlicher Sterblicher. Er käme gewiß aus dem *Sith,* dem Feenreich, und würde nach seinem Gutdünken dorthin zurückkehren. Doch Margarete und ihrer Verwandtschaft würde er nichts als Leid bringen. Nichts als Leid, wiederholte sie mit schrillem unheilvollem Jammern. Nichts als Leid.

Zu spät merkte Ailsa, daß sie das Geheimnis ihrer Schwester verraten hatte. Keine Macht auf Erden würde ihre künftige Schwiegermutter davon abhalten, die Geschichte ausgeschmückt allen anderen alten Frauen im Kirchspiel zu erzählen. Voller Reue bedrängte sie die Alte, Schweigen zu bewahren, doch insgeheim wußte sie, daß dies ohne Wirkung sein würde.

Eine Woche verstrich und Margarete, jetzt allein im Haus, sah voller Erwartung dem nächsten Besuch ihres Liebsten entgegen. Es bedeutete für sie die einzige Glückseligkeit, das einzige, wofür sie lebte. Ihre Gedanken beschäftigten sich nur damit, wie sie ihm bei seinem nächsten Kommen Freude bereiten, ihn glücklicher und zufriedener machen könne, sie selbst noch anziehender wäre. In diesem Bestreben war sie emsig im Haus tätig, betrachtete sich kritisch im Spiegel, legte sich jeden Abend in ihr einsames Bett, hoffend, wie schon viele Male plötzlich aufzuwachen und ihn an ihrer Seite zu finden. Doch dies geschah nicht, und als sie sich auf einen Gang ins Dorf hinunter begab, schien es ihr, als ob die Frauen auf der Straße sie scheel anblickten und die Männer sie jetzt anders als zuvor betrachteten. Eine weitere Woche verstrich und eine dritte, und immer noch hatte ihr Liebster sie nicht wieder aufgesucht. Bei ihrem nächsten Besuch im Dorf ließen sie die wissenden Blicke, mit denen man sie maß, in keinem Zweifel mehr darüber, daß ihr Geheimnis verraten war. Ebenso auch in keinem Zweifel, daß ihr Liebster, wenn er sie zu besuchen begehrte, dies auch erfahren würde. Margarete war bestürzt. Der Gedanke an seinen kalten Zorn erfüllte sie mit Furcht, doch dem zu begegnen, war sie bereit. Bereit für alles außer der Gefahr, daß er zu seinem Wort stehen sollte und einfach nicht mehr wiederkäme. Bereit für alles, außer der unentrinnbaren Wahrheit, die jetzt allmählich aus ihrem Gesicht starrte: daß sie ihn nämlich, so lange sie lebte, niemals wiedersehen würde.

»Und als er wiederkam«, erzählt der Seanachie an diesem Punkt der Geschichte, »merkte er, daß man ihn beobachtete, und er ging wieder weg und kehrte niemals mehr zurück. Auch wurde er niemals danach je wieder gesehen und auch nichts über ihn vernommen. Als die Liebliche Margarete das erfuhr, verließ sie ihr Daheim und wurde zu einem Wanderer zwischen den Hügeln und Tälern. Nimmermehr, so lange sie lebte, trat sie über die Türschwelle eines Hauses. Jene, die Vieh hüteten, versuchten häufig, ihr nahe zu kommen, doch gelang es ihnen nur so dicht, daß sie ihr trauriges Lied zu hören bekamen, in dem sie wehklagend berichtete, wie treulos ihre Schwester an ihr gehandelt habe und wie das getane Unrecht, wenn die Feen Macht besäßen, an ihrer Schwester oder ihren Nachkommen gerächt werde . . .« Und auf ihre Schwester und deren Familie hörten sie sie diesen Fluch stammeln:

»Möge nie etwas, auf das du deine Hoffnungen gesetzt hast, gedeihen,
noch jemals Tau auf dein Land fallen.
Möge in der Tiefe des härtesten Winters kein Rauch aus deinem Haus aufsteigen,

der Wurm in deinen Vorräten sein und die Motte unter den Deckeln deiner Truhen wohnen.

Wenn ein überirdisches Wesen Macht hat, wird Rache geübt werden, wenn auch erst an deinen Nachkommen.«

Nicht lange nach diesen störenden Geschehnissen wurde die Hochzeit zwischen Ailsa und Duncan gefeiert. Bald danach gebar Ailsa einen Sohn, den sie Torquil nannten. Mit der Zeit wuchs er zu einem kräftigen, braunhaarigen Burschen heran, besser aussehend als Mutter und Vater und als Schnitter auf der ganzen Insel berühmt. Es hieß, daß er so viel wie sieben andere Männer mähen und niemand ihn einholen könne.

Eines Abends, als Torquil fertig gemäht hatte, erzählten ihm einige Freunde, daß in jenem Herbst ein fremdes schönes Weib auf den Erntefeldern gesehen worden sei. Sie würde, so berichteten sie, gegen Abend, nachdem die Schnitter gegangen wären, zu den Feldern kommen und ein ganzes Feld noch vor Anbruch des folgenden Tages allein abmähen. Sie nannten sie *Gruagach a'Chuirn,* das Mädchen vom Cairn, denn jenen, die sie gesehen hatten, schien sie aus einem Steinhaufen am Berghang zu kommen.

Dieser Bericht erregte Torquils Neugier und auch seinen Stolz als Schnitter. Er beschloß, abends gelegentlich in den Feldern zu warten, hoffend, daß er einen Blick von dem Mädchen bei der Arbeit erhaschen könne. An einem Sonntag, als Torquil länger als gewöhnlich gearbeitet hatte, sah er, sich auf seinem Heimweg nochmals umwendend, daß sie die Arbeit auf dem Feld aufnahm, das er soeben verlassen hatte. Ihre Augen blickten wild, doch sie war wunderbar schön, und in der Art, wie sie die Sense schwang, schien sie im Besitz von übernatürlichen Kräften. Torquil, entschlossen sie einzuholen, nahm seine Sense von der Schulter und folgte ihr. Doch so angestrengt er auch mähte, der Abstand zwischen ihnen wurde immer größer.

*»Ghruagach a'Chuirn«,* rief er, *»fuirich rium, fuirich rium«,* »Mädchen vom Steinhaufen, wart' auf mich, wart' auf mich!«

»Schöner, braunhaariger Jüngling«, kam ihre Antwort, »hol' mich ein, hol' mich ein.«

Torquil, jetzt noch entschlossener in seiner Absicht, arbeitete weiter, bis plötzlich eine Wolke den Mond verdeckte. »Eine Wolke verdunkelt den Mond«, rief er laut. »Verzug, Verzug!«

»Der Mond ist mein einziges Licht«, antwortete sie rätselhaft. »Hol' mich ein, hol' mich ein!«

Doch so hart Torquil sich auch abkämpfte, er konnte sie nicht einholen, und als er sah, wie weit voraus sie ihm war, rief er verzweifelt: »Ich bin vom Mähen müde. Wart' auf mich, wart' auf mich.« Doch vom Berghang hoch über ihm erscholl wieder ihr unheimlicher Ruf: »Hol' mich ein, hol' mich ein!«

Schließlich hatte das Mädchen, während Torquil sich hinter ihr herquälte, das Ende ihrer letzten Bahn erreicht und wartete dort mit der Sense in der Hand im Mondlicht auf ihn, schön und dennoch auf unbestimmte Weise bedrohlich.

In jenen Tagen herrschte im Hochland und auf den Inseln der Brauch, daß der Schnitter die letzte Handvoll geschnittenen Hafers zu einer Puppe formte, die *Harvest Maiden* hieß, das Erntemädchen. Er nahm sie mit nach Hause und bewahrte sie bis zum folgenden Jahr auf. Dies konnte an jedem Tag der Woche geschehen, außer am Montag, dem Tag des Mondes, an dem das Anfertigen einer solchen Puppe Unglück verhieß. Als Torquil nun an das Ende seiner Bahn ankam, hob er die letzte Handvoll gemähten Hafers auf, ohne daran zu denken, daß es schon Sonntag nach Mitternacht war. Er trat mit der Puppe in der einen Hand und der Sense in der anderen vor das Mädchen. Doch es blickte ihn nur an und sagte schlicht: *»S dona an ni* *moch Di-luain dol a bhuain maighdein«,* »Es ist von Unheil, das Erntemädchen früh an einem Montag zu mähen.« »Worauf Torquil«, erzählt der Seanachie, »auf dem Feld tot niedersank und niemals mehr einen Atemzug tat. So also erfüllte sich der Fluch der Schwester. Das Mädchen vom Steinhaufen wurde danach nie wieder gesehen.«

# Prinzessin Thyra

Vor vielen hundert Jahren kam ein Sohn des Königs von Dänemark ans Loch Maree im westlichen Ross, um Hirsche zu jagen, und eines Tages geriet er draußen in den Hügeln weitab von seinen Gefährten. Da er müde war, ließ er sich am Wegrand nieder und schlief ein. Beim Erwachen vernahm er Stimmen und sah zwei Männer und ein junges Mädchen auf sich zukommen. »Er stand auf«, berichtet der Seanachie, »und als sie sich ihm näherten, wurde er gewahr, daß er niemals ein schöneres Mädchen gesehen hatte.« Er stellte sich mitten auf den Pfad und grüßte die drei freundlich, doch als der ältere der beiden Männer ihn aufforderte, aus dem Weg zu gehen, da wies er ihn wegen seiner Überheblichkeit zurecht und ließ ihn wissen, daß er einen Prinzen anrede, in dessen Adern das Blut der dänischen Könige fließe. Daraufhin bat der alte Mann um Verzeihung. Sie lebten, so sagte er, in dem nahegelegenen Kloster Islemaree, das auf einer Insel im Loch liege, und noch vor Einbruch der Dunkelheit müßten sie dorthin zurückkehren. Er hätte die vornehme Pflicht, das junge Mädchen hier zu beschützen, das auf Geheiß seines Vaters der Kirche versprochen sei.

»Ich wüßte zu gerne«, fragte der Prinz, »wer die Jungfrau in Eurer Begleitung ist.«

»Man nennt sie Thyra«, erwiderte der alte Mann. »Sie ist eine Prinzessin und stammt aus dem mächtigen Königsgeschlecht zu Ulster auf Erin. Und nun laßt uns vorbeiziehen.«

Als sie sich trennten, sagte der Prinz betrübt zu der Jungfrau: »Dies war unsere erste Begegnung. Ich fürchte, daß es vielleicht auch unsere letzte sein wird. Lebt wohl!«

»Das glaube ich nicht«, erwiderte Prinzessin Thyra schnell und schenkte ihm ein reizendes Lächeln.

Auf diese Weise ermutigt, begab sich der Prinz mehr als einmal ans Loch Maree in der Hoffnung, die Prinzessin wiederzutreffen. Als er sich jedoch darin getäuscht sah, ließ er sich von einem Fährmann hinüber auf die Insel bringen.

Als er im Kloster eintraf, fragte er nach der Prinzessin und sagte, daß er sie gern zum Weibe nehmen würde. Nach schicklicher Zeit erschien Thyra. Sie begrüßte ihn voll Freude, und die beiden verbrachten zusammen den Tag auf der Insel. Bevor aber der Prinz wieder ablegte, sagte die Prinzessin, deren Vertrauen nicht so rasch zu gewinnen war: »Ich habe einen Zweifel unseretwegen.«

»Und weshalb?« fragte er.

»Weil ich dich nur einmal zuvor gesehen habe, und du mich auch«, erwiderte sie. »Wenn die Liebe rasch kam, geht sie vielleicht ebenso rasch wieder.«

»Kennst du das so von dir?« fragte er.

»Nein«, sagte sie.

Da wies er auf den Abendstern, der im Südwesten am Himmel stand und erklärte: »So getreu wie jener Stern über dem Hügel dort drüben steht, so getreu ist meine Liebe zu dir.«

»Ich habe noch einen Zweifel«, sagte sie.

»Deine Zweifel sind zahlreich«, erwiderte er.

»In dieser Gegend lebt ein Mann«, fuhr sie fort, »den nennen sie den Roten Hector von den Hügeln. Er ist ein großer, starker Mann, der sich bei Tag und bei Nacht in der Bergwelt herumtreibt und der dich ohne zu zögern töten wird, sobald er dich erblickt. Ich fürchte, daß du, solltet ihr aneinandergeraten, in ihm einen gefährlichen Gegner hättest.«

Doch der Prinz lachte bei dem Gedanken, daß dies ihn beunruhigen sollte, und er verließ Islemaree in dem Gefühl, seine Sache sei gut bestellt.

Am Ufer angelangt, machte er sich auf die Suche nach seinen Gefährten und summte unterwegs eine fröhliche Weise. Er war noch nicht weit gekommen, als ein Pfeil an seinem Kopf vorbeizischte und kurz danach ein zweiter in seiner Schottenmütze steckte. Er schaute auf und sah vor sich neben einem Felsen am Wegrand einen großen, stämmigen, rothaarigen Mann stehen.

»Wer bist du und warum nimmst du mich aufs Ziel?« fragte der Prinz.

»Hast du denn noch nie von *Eachann Rudadh nan Cnoc* gehört, dem Roten Hector von den Hügeln?« fragte der andere dagegen. »Wenn nicht – du siehst ihn jetzt vor dir stehen. Und überdies wirst du gleich seine Geschicklichkeit im Schwertkampf an dir erfahren. Denn das ist sicher: Zwischen uns gibt es einen Streit. Er kann nur auf eine von zwei Möglichkeiten beigelegt werden: Entweder du tötest mich, oder ich töte dich.«

Daraufhin zogen beide ihr Schwert und drangen heftig aufeinander ein. Schon bald erhielt der Prinz eine schwere Verwundung, und der Rote Hector machte sich auf und davon und ließ ihn für tot liegen.

Tags darauf fanden einige Leute von der Insel den unglückseligen Prinzen bewußtlos liegen. Sie brachten ihn zum Kloster, und mit Prinzessin Thyras Hilfe pflegten sie ihn wieder gesund.

Je mehr er und Thyra voneinander sahen, desto stärker wuchs ihre Zuneigung, und jeden Tag, so berichtet der Seanachie, sprach ihr der Prinz von der Zeit, in der er sie mit nach Dänemark nehmen würde. Doch eines Tages traf im Loch Maree ein Schiff mit der traurigen Nachricht ein, daß Thyras Vater im Sterben liege und sie nach Ulster heimkehren müsse.

»Kommst du wieder?« fragte der Prinz.

»Ich komme wieder«, erwiderte Thyra.

»Und du wirst mich drüben bei deinen Leuten nicht vergessen?« fragte der Prinz.

»Nur der Tod kann meine Rückkehr verhindern«, sagte sie.

Um diese Zeit war dem Prinzen, als er einmal an Land ging, ein großer, stämmiger Mann mit rötlichem Haar entgegengetreten, der nicht mehr ganz jung war und dessen Erscheinung ihm merkwürdig bekannt vorkam. Sein Name, so sagte er, sei Dougal Mackenzie, und er flehte den Prinzen an, ihn in seine Dienste zu nehmen und ihm Obdach zu geben. Dem Prinzen widerstrebte es anfänglich, ihn zu dingen.

»Hast du denn nicht Haus noch Hof?« fragte er.

»Bis gestern besaß ich beides«, erwiderte Dougal düster. »Heute habe ich nichts mehr. Haus, Weib, Sohn, Land, Vieh nannte ich mein eigen, doch gestern wurde mir jedes Tier gestohlen, mit Ausnahme eines verirrten Schafes. Mein Sohn machte sich auf, es zu suchen. Dabei stürzte er über die Felsen und verlor sein Leben. Und als seine Mutter erfuhr, was ihm zugestoßen war, ging sie an die Stelle, und als sie ihren toten Sohn sah, sprang sie ins Meer und ertrank. Ich stehe allein da. Wenn Ihr mich nehmt, werde ich Euch in den Hügeln von besserem Nutzen sein, als ein jüngerer Mann es je könnte.«

Der Prinz bekam Mitleid mit ihm, als er seine traurige Geschichte vernahm, und willigte ein, ihn in Dienst zu nehmen, solange er im westlichen Ross weilte und auf Thyras Rückkehr wartete.

Monatelang traf keine Nachricht über Prinzessin Thyra ein. Der Prinz in seiner Ungeduld sandte jeden Tag Männer auf die Kuppe des höchsten Hügels, damit sie nach der Rückkehr ihres Schiffes Ausschau hielten. Eines Tages schließlich sahen sie drei Schiffe nahen, von denen das größte die Königsflagge von Ulster an der Marsstange trug. Aufgeregt wollte der Prinz sofort auf den nächsten Hügel eilen. Doch Dougal Mackenzie, der in seiner Nähe weilte, hielt ihn zurück. »Wartet«, sagte er, »daß ich Euch noch meinen Traum erzähle«.

»Träume bedeuten mir nichts«, sagte der Prinz.

»Wollt Ihr nicht trotzdem hören?« sagte Dougal. »Hatte ich doch dreimal denselben Traum. Und er besagt, daß sie tot ist.«

»Ich hoffte auf ein gutes Zeichen«, entgegnete der Prinz, »du aber tust Böses kund.«

»Ich habe einen Vorschlag«, sagte Dougal, der den Prinzen immer noch zurückhalten wollte, »laß mich nach ihm handeln. Ich rudere zum Schiff, und wenn alles gut ist, seht Ihr ein rotes Signal. Doch wenn Euch Kummer erwartet, wird es ein schwarzes sein.«

Als Dougal sich die Billigung seines Herrn schließlich verschafft hatte, fuhr er hinaus zum Schiff und traf Thyra gesund und munter an. Als sie ihn erblickte, lautete ihre erste Frage, ob der Prinz wohlauf sei und ob er nicht ungeduldig auf Botschaft von ihr warte. Nachdem Dougal sie hinreichend beruhigt hatte, trug er ihr einen Plan vor, der, wie er sagte, dem Prinzen höchste Freude bereiten würde. Thyra solle das Todessignal aufziehen lassen. Wenn sie dann an Land ginge, würde ihr Geliebter noch viel glücklicher sein, sie am Leben zu sehen, als wenn sie gleich das rote Signal gehißt hätte.

Nur zögernd stimmte Thyra dem zu. Und so zog man das schwarze Signal auf, und die Königsflagge wurde auf Halbmast gesetzt. Doch was folgte, war keineswegs so glücklich, wie Dougal vorausgesagt hatte. Als der Prinz das Todessignal gehißt sah, rief er laut, daß er jetzt nicht mehr leben wolle, zog seinen Dolch und erstach sich.

Und so mußten diejenigen, die Thyra empfingen, als sie kurz danach landete, ihr berichten, daß sich ihr Geliebter, als er sie tot glaubte, das Leben genommen habe. Als sie dies vernahm, verlangte sie sofort, an die Stelle geführt zu werden, wo er lag, und als ihr sein Leichnam gezeigt worden war, wandte sie sich zornig zu Dougal.

»Elender Dougal!« rief sie. »Was für einen schlechten Rat hast du mir gegeben!«

Dies war der Augenblick, auf den Dougal gewartet hatte.

»Ich heiße nicht Dougal«, erwiderte er, richtete sich zu seiner vollen Größe auf und riß sich die Schottenmütze vom Kopf, um seine schon von Grau durchzogenen roten Locken zu enthüllen. »Ich bin der Rote Hector von den Hügeln«, rief er. »Und dies hier«, und dabei stieß er ihr seinen Dolch in den Leib, »ist meine Rache!«

Denn wie Thyra mehr als nur halb geahnt hatte, hatte er sie auf seine Weise auch geliebt.

# Die Tochter des Nordland-Königs

Vor langer Zeit, als die Nordländer in das westliche Hochland einfielen, waren sie betroffen über die Beschaffenheit und Ausdehnung der Kiefernwälder, die damals den größten Teil Lochabers bedeckten und die in jeder Hinsicht die Wälder ihres Heimatlandes übertrafen.

Nun war die älteste Tochter des Nordland-Königs mit ihrem langen blonden Haar, ihren blauen Augen und dem schlanken biegsamen Körper nicht nur wegen ihrer Schönheit fern und nah bekannt, sondern auch wegen ihrer vielen Fertigkeiten und nicht zuletzt wegen ihrer kenntnisreichen Handhabung der Schwarzen Künste. Sie wußte um alle Blumen der Wälder und Wiesen, und es gab nicht ein einziges Kraut, dessen Eigenschaften ihr nicht vertraut waren. Ebenso war sie berühmt für ihr Geschick mit dem Vieh; sie konnte nämlich jeden Zauber oder Bann, der auf ihm lag, lösen und jede Krankheit und jede Verletzung, die es hatte, heilen. Ihr war das Muhen der Kühe der lieblichste aller Laute, und über große Entfernungen hinweg antwortete sie stets darauf. Doch von all ihren Gaben war die ungewöhnlichste und eine der nützlichsten ihre Fähigkeit, wenn erforderlich, hoch in der Luft über das Land zu fliegen, so daß kein Hindernis sie aufhalten konnte.

Da der Nordland-König eine hohe Meinung von den Gaben seiner Tochter hatte, befragte er sie häufig, wenn ihn seine anderen Ratgeber im Stich ließen, und an sie wandte er sich jetzt auf seiner Suche nach wirkungsvollen Mitteln, die Waldungen von Lochaber zu zerstören, die mit den Wäldern seines eigenen Landes so gefährlich wetteiferten.

Die reizende Prinzessin, die ihrem bejahrten Vater immer gerne zu Hilfe eilte, kannte kein Zögern, als sie von seiner Sorge unterrichtet

war. Sie legte Feuer an die Borte ihres Kleides und flog durch die Lüfte über die Nordsee hinweg und stürzte sich auf Lochaber nieder. »Und die Funken«, so berichtet der Seanachie, »die von ihrem Kleid flogen, wurden vom Wind hierhin und dorthin getragen und die Wälder in Brand gesteckt bis die ganze Umgegend rauchte und vom Qualm so verdunkelt war, daß man unmöglich etwas sehen konnte.« Die Menschen liefen zusammen, um ihr aufzulauern, doch wegen der Raschheit ihres Überfalls konnten sie ihrer nicht habhaft werden, und sie wußten sich nicht mehr zu helfen. Schließlich suchten sie Rat bei einem weisen Mann ihrer Gegend. Er wies sie an, eine Herde Vieh auf einem Feld zusammenzutreiben; wenn sie das Muhen der Kühe hörte, würde sie herabkommen, und wenn sie in Schußweite wäre, sollten sie eine silberne Kugel auf sie feuern, dann würde sie sich in einen Haufen Knochen verwandeln. Diesem Rat folgten die Leute, trieben Vieh zusammen und zogen ihr nach. Als sie das Rufen der Herde hörte, kam sie herab, und sie feuerten die silberne Kugel auf sie ab, wie der weise Mann ihnen geraten hatte, und sie fiel sanft zwischen ihnen zu Boden. Danach hoben die Männer ihre sterblichen Überreste auf und trugen sie nach Lochaber; und um sicher zu sein, daß sie ihnen lebend oder tot kein Leid mehr anhaben würde, begruben sie sie in Achnacarry.* Und vor nicht mehr als hundert Jahren behauptete der Erzähler, der diese Geschichte weitergab, daß er seinen Fuß auf die Stelle setzen könne, wo sie begraben liege.

Als die Nachricht vom Tod seiner Tochter den Nordland-König erreichte, sandte er ein Schiff, um ihre sterblichen Überreste nach

* Viele hundert Jahre lang die Hochburg des Clans Cameron.

Hause zu holen; doch die Beschwörungen der Frauen von Lochaber, die sich gleichfalls auf Hexerei verstanden, zerstörten es. Das Schiff zerschellte in der Einfahrt zu Lochiel, und die Männer ertranken. Dem nächsten Schiff, das er ausschickte, erging es nicht besser. Also setzte der König beim dritten Mal seine ganze Flotte in Bewegung. Doch als seine Schiffe gesichtet wurden, ließen die Bewohner der Insel Iona einen Sturm aufkommen, indem sie die Brunnen des Elfenhügels leerten, was den Wind in jede von ihnen gewünschte Richtung blasen ließ. »Und der Sturm«, berichtet der Seanachie, »war so heftig und die Schiffe waren so nah, daß die Flotte an das Ufer unterhalb des Elfenhügels getrieben wurde. Und die Stärke und die Macht der Nordmänner waren gebrochen, und sie waren noch lange Zeit so arg geschwächt, daß sie niemals wiederkehrten, um das Land zu verwüsten.«

# Caivala mit dem Glänzenden Haar

Iain Mor MacDonald von Kintyre, der jüngere Bruder Donalds, des zweiten Herrschers über die Inseln, begab sich einmal nach Erin auf Jagd. Eines Tages, während er jagend unterwegs war, begegnete ihm in einer Schlucht auf einem Pferd ein großer, schuftig aussehender Bursche mit krausem schwarzem Haar. Hinter ihm saß eine liebliche Jungfrau mit glänzendem Haar, die bitterlich weinte und laut ihr Schicksal beklagte. Nach ihren Worten hatte der Mann, dessen Name O'Docherty war, die Jungfrau nach einem Kampf mit ihrem Vater, den er unweit in der Heide blutend hatte liegen lassen, entführt. Mit finsterem Blick forderte O'Docherty MacDonald auf, ihm den Weg freizugeben. Iain Mor erwiderte, daß er dies erst tun würde, wenn er wisse, warum die Jungfrau so bitterlich weine. Daraufhin stieg O'Docherty, der kräftig gebaut war, wutentbrannt vom Pferd, zog sein Schwert und drang heftig auf MacDonald ein. MacDonald setzte sich zur Wehr und obwohl er schwer verwundet wurde, konnte er am Ende den anderen überwältigen.

O'Docherty blieb tot liegen, und MacDonald ging mit der Jungfrau, deren Name Caivala mit dem Glänzenden Haar war, zu der Stelle, wo ihr Vater blutend in der Heide lag. Er sei, sagte die Jungfrau, der erlauchte Earl of Antrim. Gemeinsam trugen sie ihren Vater zurück in sein Schloß, wo Iain Mor blieb, bis seine Wunden geheilt waren. Während seines Weilens verbrachten er und Caivala mit dem Glänzenden Haar viel Zeit beim gemeinsamen Singen von Liedern und Balladen, denn ihre Stimmen verbanden sich in glücklicher Harmonie.

Als Iain Mor wiederhergestellt war und reisen konnte, bat er um die Erlaubnis, Caivalas Vater allein sprechen zu dürfen. Ihm wurde Audienz gewährt, und er trat vor Antrim mit dem Wunsch, seine liebliche Tochter heiraten zu dürfen. Antrim aber, der gleich vielen anderen seine Abstammung auf die Großkönige von Irland zurückführte, gab Iain Mor zur Antwort, daß er dessen Antrag als äußerst beleidigend und vermessen empfände.

»Ich bin Herr über Kintyre«, gab Iain Mor zurück, »und leiblicher Bruder des Herrschers über die Inseln und König der Hebriden. Wenn die liebliche Caivala mit dem Glänzenden Haar meine Gemahlin wird, könnt für immer Friede und Freundschaft zwischen uns herrschen.« Darauf wurde Antrim noch ärgerlicher. Die erhabene Stellung, die die Herrscher über die Inseln und ihre Sippe im westlichen Schottland einnahmen, wußte er nicht voll zu würdigen. Er rief Bewaffnete herbei und ließ den unglücklichen Jüngling hinter eiserne Gitter und Schlösser in ein dunkles elendes Verlies werfen, mit nur einem Bündel Stroh als Lager.

Auf dem Stroh liegend wurde Iain Mor in gleicher Nacht plötzlich durch das Öffnen der großen Eisenschlösser und der schweren ehernen Pforte geweckt. Dies war wohl sein Kerkermeister, der kam, um ihn zu töten. Er sprang auf, festen Willens, sein Leben bis zum Ende zu verteidigen. Doch ihn traf eine angenehme Überraschung.

»Fürchte nichts, ich bin es«, sagte die liebliche Caivala und schob die Kerkertür auf. »Ich stahl die Schlüssel unter dem Kopfkissen meines Vaters, während er schlief. Eine schnelle *birlinn* erwartet dich, um dich über die See zu bringen.« Und nicht allzu viele Stunden später traf Iain Mor sicher in Kintyre ein.

Der Earl of Antrim, der keinen Sohn hatte, versuchte jetzt seine Tochter zu bewegen, einen der sorgfältig ausersehenen Freier von edler Geburt und großen Besitzungen zu heiraten, denn ihn verlangte sehnlichst nach einem Erben. Doch hartnäckig lehnte Caivala sie alle ab und wiederholte, daß der einzige Mann, den sie je heiraten würde, Iain Mor MacDonald von Kintyre jenseits des Meeres wäre. »Ihr Vater, erzürnt über ihre Halsstarrigkeit«, berichtet der Seanachie, »erbaute auf einer Klippe hoch über dem Meer einen Turm. Ihm konnte kein Schiff nahen, ohne nicht Gefahr zu laufen, von den Männern im Turm durch Steinwürfe versenkt zu werden. Hier wurde sie eingekerkert und streng bewacht.«

Als Iain Mor davon erfuhr, wo Caivala gefangengehalten wurde, beschloß er, hinüber nach Erin zu segeln, da er hoffte, sie wenigstens flüchtig zu Gesicht zu bekommen. Er verließ Kintyre in seiner schnellen *birlinn* an einem Abend und erreichte Antrim früh am nächsten Morgen. Er näherte sich dem Turm, in dem Caivala eingesperrt war, und konnte sie eins der Lieder singen hören, die sie in glücklicheren Tagen gemeinsam angestimmt hatten. Mit leiser, doch wohlklingender Stimme fiel er in den Gesang ein. Da blickte Caivala aus dem Fenster und sah voll Freude ihren Liebsten unter sich auf dem Deck seines Schiffes stehen. Rasch zog sie die Leintücher von ihrem Bett, knotete sie aneinander und ließ sie als Seil zu ihm hinab. Behend kletterte er zu Caivala empor und brachte sie und sich auf demselben Wege hinunter in Sicherheit. Die Wächter aber schliefen fest und bemerkten nichts von ihrer Flucht. So segelten Caivala und Iain Mor nach Kintyre und landeten noch in derselben Nacht auf dem sandigen Küstenstreifen von *Machaire Mor na Moralachd*, dem prächtigen Macharimore, wo sie begeistert und gebührend von Ian Mors getreuen Stammesmitgliedern empfangen wurden.

Nicht lange danach erhielt Iain Mor vom Earl of Antrim eine Botschaft mit der Drohung, daß es ihm schlecht ergehen würde, wenn er ihm nicht augenblicklich seine Tochter zurückgäbe. MacDonald erwiderte, daß Antrim den Kampf, den er wolle, haben könne, doch wahrscheinlich auf mehr gefaßt sein müsse, als er erwarte. Wenn er dagegen willens sei, Friede zu schließen, wäre dies auf lange Sicht für alle von Vorteil.

Antrim mußte einsehen, daß MacDonald fest entschlossen war, Caivala mit dem Glänzenden Haar nicht wieder freizugeben. Er besann sich und lud die Liebenden in sein großes Schloß ein, wo er sie dann auch äußerst gastfreundlich empfing. Danach schworen sich er und MacDonald ewige Freundschaft.

Die Jahre vergingen und nach Antrims Tod folgte ihm Iain Mor als Earl, und seitdem sind die MacDonalds – heutzutage schreibt man sie MacDonnells – die Earls of Antrim und bis auf den heutigen Tag stolz auf die alte Sippenverbindung zu den erlauchten Herrschern über die Inseln und Königen der Hebriden.

Schriftliche Aufzeichnungen bezeugen tatsächlich, daß Iain Mor MacDonald von Kintyre, der jüngere Bruder des Donald von den Inseln, Mary oder Marjory, die Erbin des John Bisset, des Herrn über die Täler von Antrim, heiratete. Iain Mor wurde später (vor 1427)* von einem Mann names James Campbell auf Geheiß von König James I. ermordet. »Doch weil Campbell«, so berichtet der Chronist, »keinen schriftlichen Befehl zu seiner Verteidigung vorweisen konnte, wurde er ergriffen und enthauptet, was die gefährlichen Folgen eines solchen Dienstes zeigt, wenn man ihn ohne die

* 1427 rief James I. die Häuptlinge des Hochlandes zu einem Parlament zusammen und nahm wortbrüchig vierzig von ihnen gefangen. Wenn auch die meisten später wieder die Freiheit erhielten, so wurden doch einige von ihnen hingerichtet.

notwendige Umsicht übernimmt.« Iains Mors Nachfahre, Sir Randal MacSorley MacDonnell, Sohn des intriganten und aufsässigen Sorley Buie oder Sorley Boy, wurde 1620 durch James VI. zum ersten Earl of Antrim ernannt.

# Die Isles of the Sea

Wenn man von der Insel Mull aus im Sound of Lorne an einem klaren Tag südwärts segelt, bekommt man sehr bald vier zerklüftete Inseln zu Gesicht, umgeben von einer Ansammlung kleinerer Klippen – man könnte meinen, es seien die halbversunkenen Spitzen eines urzeitlichen Gebirgszuges. Dies sind die *Isles of the Sea*, vor vielen Jahrhunderten Zufluchtsort der heiligen Männer, die als erste das Christentum in den Westen Schottlands brachten. Auf der südlichsten Insel, *Eileach an Naoimh*, die Insel des Heiligen, sieht man noch die verfallene Kapelle und die Reste eines Klosters mit seinen an Bienenwaben anmutenden Zellen. Das Kloster wurde 542 von St. Brendan of Clonfert gegründet und später sogar von St. Columba bewohnt. Man sagt, daß dessen Mutter Eithne dort begraben liegt. Viele halten *Eileach an Naoimh* für das legendäre Hinba, wo Columba mit solcher Inbrunst betete, daß ein heller Glanz aus seiner Zelle trat.

Im Gegensatz zu den anderen Inseln war *Dun Chonnuill* oder Dunconnel, die nördlichste der Inselgruppe, mehr von strategischer als von religiöser Bedeutung. Auf ihr stand, den Sound of Lorne beherrschend, die Festung Conals, des Königs von Dalriada, die später in den Besitz seiner fernen Nachfahren, den MacDonalds überging, den Herrschern über die Inseln und Könige der Hebriden. Während der Zeit, als Dunconnel in ihrem Besitz war, wurde die Festung in der zweiten Hälfte des vierzehnten Jahrhunderts Schauplatz dessen, was der Historiker William Forbes Skene »eine der gewagtesten Unternehmungen, die je von irgendeinem Häuptling aus dem Hochland überliefert wurde«, genannt hat.

Unter jenen, die häufig bei Hof John MacDonalds, dem Herrscher über die Inseln, in seiner großen Burg Ardtornish über dem Sound of

Mull weilten, gab es nur wenige von lebhafterer Persönlichkeit als Lachlan und Hector, die Söhne von MacDonalds nahem Verwandten *Iain Dubh*, dem Schwarzen John, dritter Häuptling des Clan Maclean. Wie ihr Vater *Iain Dubh* und ihr Großvater *Gille-Caluim*, der an der Seite von Bruce in der Schlacht von Bannockburn gekämpft hatte, waren beide hervorragende Krieger. Der ältere von beiden, *Lachlan Lubanach*, Lachlan der Listige, war, wie sein Name schon andeutet, ein Meister der Finten und Verstellung, ein einfallsreicher Taktiker und Kundschafter, und, wenn erforderlich, ein fähiger Verhandlungsführer. Er legte auch Wert darauf, der am besten unterrichtete Mann im westlichen Hochland zu sein und war sehr bald ein wahrhafter Speicher an nützlichen politischen, gesellschaftlichen und militärischen Informationen. Sein jüngerer Bruder *Eachann Reaganach*, Hector der Wilde, war anders geartet, besaß andere Fähigkeiten. Wenn Lachlan eine kriegerische oder halbkriegerische Unternehmung geplant und die dazu erforderlichen einleitenden Maßnahmen getroffen hatte, griff Hector ein – in jeder Beziehung ein Schwergewicht – und schlug zu, indem er machtvoll die ererbte Streitaxt seiner Familie schwang, die der Begründer und Namensvater des Clan, *Gilleoin na Tuaighe*, Gillean von der Streitaxt, mit so vorzüglicher Wirkung ein Jahrhundert zuvor gegen die Norweger in der Schlacht von Largs gehandhabt hatte.

Im täglichen Umgang offenbarte dieses gefährliche Paar andere Seiten seines Wesens. Lachlan war zwar durchtrieben, doch klug genug, dies die Gesellschaft nicht merken zu lassen, und Hector, wenn auch außergewöhnlich furchterregend im Kampf, entfaltete eine Reihe höchst liebenswerter Eigenschaften, wenn er sich nicht im Dienst befand. Mit den Worten des Seanachies: »Die Berühmtheit ihres Vaters und ihr eigenes freundliches und gefälliges Betragen halfen ihnen, die Freundschaft Johns, des ersten Herrschers über die Inseln, bald zu gewinnen.«

Für einen jungen Mann von Ehrgeiz hatte die Freundschaft zum Guten John, wie man ihn im Volk nannte, einen unschätzbaren Wert. Als Herrscher über die Inseln und König der Hebriden war er der alleinige Herr über alles, was zu diesem Reich gehörte und der Theorie nach der Mann, der im westlichen Hochland das Wort führte. Und dann gab es in Ardtornish noch etwas anderes. Von all den schönen Mädchen, die den Hof des Guten John zierten, war keine reizender als seine eigene Tochter Mairi. Mit ihrem schwarzen Haar, der glatten elfenbeinfarbenen Haut, hohen Backenknochen, vollen Lippen, leichter Stupsnase, rankem Körper und klaren blauen Augen, die häufig von Barden an ihres Vaters Hof mit Zwillingsteichen aus Licht verglichen wurden, war Mairi eine echte Schönheit des westlichen Hochlands. Darüber hinaus und in spürbarem Gegensatz zu den meisten ihrer törichten kleinen Gespielinnen war Mairi ebenso klug oder gar listig, wie sie schön war, eine Eigenschaft, die den gewitzten Lachlan besonders stark anzog, der dumme Frauen nicht ausstehen konnte, obwohl er sich, seiner Laufbahn zuliebe, notfalls mit einer solchen abgefunden hätte.

Seine Zuneigung wurde erwidert. Bei Hofe gab es zum Kosen wenig Gelegenheit, doch Lachlan und Mairi waren erfinderisch genug, alle Möglichkeiten voll auszunutzen. Bald schon war das Paar durch ein geheimes Treueband verbunden.

»Was glaubst du, wird Vater sagen, wenn er es herausbekommt?« fragte Mairi.

»Laß mich nur machen«, erwiderte der Listige Lachlan mit verlangenden Blicken.

Als Blutsverwandter und anerkannter Freund des Herrschers über die Inseln und als heimlicher Geliebter seiner Tochter war Lachlan Lubanachs Stellung bei Hofe gefestigt, während der Wilde Hector durch sein leutseliges Wesen bald ein Heer von Freunden um sich scharte. Doch wie allgemein beliebt die beiden Brüder auch sein mochten, so ist es doch niemals leicht, jedermanns Freund zu sein. Je größer und augenscheinlicher die Vorliebe des Guten John für die beiden Brüder wuchs, desto mehr wurden sie seinem Haushofmeister Niall MacGillebride Mackinnon, Häuptling des Clan Mackinnon, zuwider und desto mehr war dieser entschlossen, die Brüder aus dem Weg zu schaffen.

Er war nicht nur eifersüchtig auf die beiden, sondern konnte ihren bloßen Anblick nicht ertragen und verpaßte keine Gelegenheit, sie in aller Öffentlichkeit zu beleidigen. Er machte sich sogar über ihre Tischmanieren lustig; sie seien ungehobelt. In seiner Entschlossenheit, die Brüder zu beseitigen, genoß Mackinnon die glühende Unterstützung seines Bruders Fingon, den Mitra tragenden Abt von Iona – »ein durchtriebener und verruchter Ratgeber«, sagt der Seanachie –, der auf seine verschlagene Weise nicht nur die Macleans befeindete, sondern, so wollte es das Gerücht, sogar den Herrscher über die Inseln.

Wie die Macleans waren auch die Mackinnons, die zu jener Zeit über weite Gebiete auf Mull herrschten, vom Stamm des St. Columba und trugen deshalb wie diese in ihrem Wappen eine Hand, die ein Kreuz hielt. Als Clan verlieh dies ihnen in den heimatlichen kirchlichen Kreisen beachtliches Ansehen. Doch im fernen Rom hatte Seine Heiligkeit, der Papst, schwerwiegende Vorbehalte gegen sie und sich lange geweigert, Fingon Mackinnon, allgemein als Grüner Abt bekannt, als Abt von Iona anzuerkennen. Zum einen hatte Fingon mit der Dame seines Herzens mehrere Kinder gezeugt, eine Praxis, die wohl in der alten keltischen Kirche angehen mochte, doch von Rom nur mit Mißbilligung gesehen wurde. Zum anderen hatte sich Fingon aktiv feindlich gegenüber den Mönchen des Benediktinerordens verhalten, die auf ausdrückliches Geheiß Seiner Heiligkeit nach Iona gesandt worden waren. Es hatten sich sogar grimmige Zusammenstöße zwischen gegnerischen Religionsgemeinschaften zugetragen, in denen der ansässige Klerus versucht hatte, die Neulinge mit Waffengewalt zu vertreiben. Und nichts hielt den »durchtriebenen und verruchten Ratgeber«, den Grünen Abt, davon ab, auch weiterhin eine aktive und meist boshafte Rolle in heimischen Angelegenheiten zu spielen.

Die Gelegenheit, die Niall MacGillebride Mackinnon auswählte, um Lachlan und Hector das Leben zu verkürzen, war ein großes *Tinchal*, eine Rotwildjagd auf der Insel Mull, zu welcher der Gute John, als Zeichen seiner besonderen Gunst, beide Brüder geladen hatte. Mackinnons Plan war einfach: Im rechten Augenblick würden zwei sorgsam angelegte Pfeile ihr Ziel finden, und nicht in dem einen oder anderen der edlen Hirsche, für die Mull noch immer berühmt ist, sondern im Herz des gewitzten Lachlan und in dem seines Bruders Hector. Diese Aufgabe übertrug Mackinnon zweien seiner vertrauenswürdigsten und erfahrensten Bogenschützen, die für ihre Geistesgegenwart wie für ihre Treffsicherheit berühmt waren.

Mackinnon machte nur den Fehler, daß er über seinen Plan im voraus sprach. Zwar beriet er sich darüber nur mit den beiden Bogenschützen, mit seinem Bruder, dem Abt, und mit den Mitgliedern seiner eigenen unmittelbaren Umgebung. Doch einer unter diesen Mitgliedern stand ungeahnterweise in einer engeren Beziehung zum gewitzten Lachlan, dem er auf diese oder jene Weise verpflichtet war. Rechtzeitig fand folgende Unterhaltung zwischen den beiden statt.

»Hast du, Lachlan Lubanach, möglicherweise die Absicht, an dem großen *Tinchal* teilzunehmen, das, wie man erfährt, von dem Höchst Erhabenen Herrscher über die Inseln veranstaltet wird?«

»Es stimmt, daß mein edler Blutsverwandter so gnädig war, meinen Bruder und mich einzuladen und, wenn die Umstände sich als günstig erweisen sollten, wäre es möglich, daß ich erwägen könnte, daran teilzunehmen.«

»Solltest du dich nach angemessenem Abwägen zur Teilnahme entscheiden, so wäre es zu deinem Vorteil, Lachlan Lubanach, sehr sorgfältig darüber nachzudenken, wo du dich aufstellst. Es heißt, daß zwei von Niall MacGillebrides besten Bogenschützen zwei junge Hirsche aussondern werden, die sich in letzter Zeit verschiedentlich im Rudel als störend erwiesen haben. Selbst dem besten Bogenschützen kann es passieren, daß er das falsche Ziel trifft, um so mehr, wenn etwa ein äußerlicher Einfluß ihn auf dieses Ziel verweist.«

Danach ging die Unterhaltung auf andere Themen über, und kurz danach empfahl sich Lachlans Besucher.

Es wäre Lachlan und seinem ebenso heldenhaften Bruder Hector unähnlich gewesen, ein Treffen nur deshalb zu meiden, weil ein Hinweis auf eine drohende Gefahr erfolgt war. Als deshalb am Tag des großen *Tinchals* der Augenblick eintraf, in dem das Rotwild zu den sorgfältig in Reihen aufgestellten Meisterschützen hingetrieben wurde, befanden sich beide in vorderster Stellung. So zu vorderst, daß sie zu beiden Seiten des Herrschers über die Inseln standen. Auch wich keiner von beiden nur für einen Augenblick von dessen Seite; und beide erlegten mehr als nur ein Stück Rotwild, das eigentlich für den Guten John gedacht war. Auch konnte selbst der beste Meisterschütze keinen Pfeil in einen der Brüder landen, ohne befürchten zu müssen, seinen obersten Lehensherrn niederzustrecken.

Kaum war das *Tinchal* beendet, da zogen sich die beiden Brüder in Eile zurück. Zuvor allerdings hatten sie nicht versäumt, Mackinnon mit unverschämtem Hohnlächeln zu fragen, ob der heutige Jagdsport für ihn vergnüglich gewesen sei. Den beiden war jetzt eines ganz klar: Mackinnon mußte verschwinden. War er nicht vor kurzem erst so weit gegangen, häßliche Bemerkungen über ihre Tischmanieren zu machen? Und jetzt versuchte er gar, sie zu töten, ohne daß sie ihm einen Grund zum Ärger gegeben hätten.

Man wußte, daß der Herrscher über die Inseln bald nach dem großen *Tinchal* in seinem Prunkboot von Mull zu seinem Schloß Ardtornish auf dem Festland segeln würde. Seinem Haushofmeister Mackinnon überließ er es, nach dessen Gutdünken in seiner eigenen leichteren und schnelleren Pinasse zu folgen. Wie gewöhnlich erkannte der gut unterrichtete und gewitzte Lachlan seine Gelegenheit. Was er vorhatte, würde besser erst durchgeführt, wenn der Gute John nicht mehr anwesend wäre. Mackinnon mußte, um sich einzuschiffen, die ganze Länge der schmalen Steinmole bei Craignure auf der Ostseite der Insel zurücklegen. Während dieser Zeit würde er leichtes Ziel für einen geschickt postierten Bogenschützen bieten. Am festgesetzten Tag, kurz vor Sonnenaufgang, verbarg sich ein zuverlässiger Schütze der Macleans hinter der Brustwehr eines aufgegebenen Wachturms nahe der Mole, während Lachlan, Hector und eine Gruppe ihrer Waffenbrüder Stellung hinter dem Eingang des Turms bezogen, bereit hervorzustürmen, wenn die Situation es verlangte. Von ihrem Versteck aus beobachteten sie zuerst, wie sich der Herrscher über die Inseln mit seinem Gefolge an Bord seines großen Langboots begab, das gleich darauf in See stach. Danach erschien Mackinnon, und nachdem er von einigen untergeordneten Hofbeamten Abschied genommen hatte, begann er entlang der Mole zu seiner Pinasse zu gehen.

Auf diesen Augenblick hatten die Macleans geharrt. Von seiner günstigen Stellung aus beobachtete der Bogenschütze jede Bewegung Mackinnons. Er wartete, bis sich sein Opfer mit dem Rücken zum Ufer auf halbem Weg entlang der Mole befand und sandte dann seinen ersten Pfeil sauber gezielt zwischen Mackinnons Schultern und einen zweiten in seinen zusammengesunkenen, auf der Mole hingestreckten Leib. Einen Augenblick später stürzten Lachlan, Hector und ihre Waffenbrüder aus ihrem Versteck und trampelten über Mackinnons Körper hinweg, als sie sich ihren Weg zu der wartenden Pinasse erzwangen. Völlig überrascht leisteten nicht viele Gefolgsleute des toten Häuptlings großen Widerstand, und jene, die es dennoch taten, wurden rasch von Hector mit wenigen Schwüngen seiner mächtigen Axt aus dem Weg geräumt. Es war nur eine Sache von Minuten, und die Macleans befanden sich nicht nur an Bord der Pinasse, sondern hatten sie auch in ihre Gewalt gebracht.

Nachdem die Leichen der Gefolgsleute Mackinnons über Bord befördert worden waren und Lachlan und Hector sich alle Gefangenen vom Hals geschafft hatten, ließen sie sich nieder, um ihren nächsten Schritt zu überlegen. Der erste Teil ihrer Unternehmung war erfolgreich abgeschlossen: Sie hatten Mackinnon getötet. Wohin sollten sie sich von hier aus nun wenden?

Sie konnten nicht völlig sicher sein, wie der Herrscher über die Inseln die Beseitigung seines Haushofmeisters aufnehmen würde. Wohl war der Gute John ihr Vetter und hatte ihnen in letzter Zeit einen hohen Grad an Gunst erwiesen. Wiederum war Mackinnon bei Hof eine einflußreiche Person gewesen, mit vielen einflußreichen Freunden und großen Besitzungen auf Mull und anderswo. Überdies mußte noch mit seinem Bruder Fingon, dem durchtriebenen und verruchten Grünen Abt, gerechnet werden, ganz abgesehen von dessen zahlreicher und ebenso verruchter Nachkommenschaft. Es war also auf jeden Fall möglich, daß der Gute John, wenn auch nicht von Natur aus cholerisch, die willkürliche Art, in der sein Haushofmeister in eine andere Welt befördert worden war, mit Mißfallen aufnahm und in Erwägung zog, seine Gunst von seinen allzu munteren jungen Vettern abzuwenden. Er mochte sich sogar, mit den beachtlichen Truppen, die er befehligte, zu Strafmaßnahmen ihnen gegenüber entschließen. Die gefürchteten Worte »Feuer und Schwert« kreuzten ihnen durch den Kopf. Und schlimmer noch: Es mochte dieser vermaledeite Abt, dieser geborene Ränkeschmied, ihre Exkommunikation erwirken, nicht in Rom, wo sein Ansehen gering war, sondern hier in der Heimat, was sie als eifrige Kirchgänger auf manche Weise in eine noch peinlichere Lage versetzen würde. Dies waren mögliche Folgen, die sie um jeden Preis vermeiden mußten. Wie sollte es aber geschehen?

Im Augenblick befand sich die Person ihrer Besorgnis auf See, irgendwo im Sound of Mull, weniger als eine Stunde Segelns von ihnen entfernt. Auf das herrschaftliche und schwerfällige Langboot hatten sich im Gefolge des Guten John einige wenige Hofbeamte und nicht mehr als eine Handvoll Seeleute und Bewaffnete eingeschifft. Der gewitzte Lachlan, immer auf Ausschau nach wissenswerten Tatsachen, hatte sich sogar die Anzahl gemerkt. Es waren weniger gewesen als seine eigene kleine Schar an Gefährten. Schon begann sich in seinem fruchtbaren Kopf ein Plan abzuzeichnen. In Mackinnons schlanker Pinasse war es für sie ein leichtes, dem großen Langboot des Guten John nachzusegeln und es einzuholen. Die Frage war nur: was dann?

In diesem Augenblick äußerte der Wilde Hector, dessen Gedanken sich langsam auch in diese Richtung bewegt hatten, unverblümt seinen Vorschlag. Im Rat wie in der Schlacht hatte er die Eigenschaft, geradenwegs zur Sache zu kommen. »Wir könnten sie alle töten«, sagte er.

»Ja, doch ich glaube, daß mir etwas Klügeres einfallen wird«, meinte Lachlan nachsichtig. Und Hector, der von Kindheit an die geistige Überlegenheit seines älteren Bruders und dessen Scharfblick anerkannt hatte, schwieg, als dieser nun fortfuhr. »Wir könnten etwas anderes tun«, sagte Lachlan. »Wir könnten den Guten John zu

unserem Gefangenen machen und ihn so lange als Gefangenen halten, bis er all dem zustimmt, was wir von ihm verlangen. Meinerseits fallen mir eine Menge Dinge ein, die ich ihm ganz gerne abverlangen würde. Hat er sich uns gegenüber erst einmal verpflichtet, wäre der Herrscher über die Inseln und König der Hebriden ein wertvoller Verbündeter. Mit dem Guten John ist nicht schwierig umzugehen, noch mit den wenigen Höflingen, die heute bei ihm sind. Die anderen in Ardtornish könnten problematisch sein: der Oberbefehlshaber seiner Krieger und der Großadmiral, ganz zu schweigen von diesem schrecklichen Grünen Abt. Diese hätten wir gegen uns, wenn wir den Guten John töteten – die Armee, die Flotte und die Kirche. Und merke dir, mein lieber Bruder, sie sind im Augenblick viel, viel stärker als wir. Doch mit dem Guten John auf unserer Seite, um nicht zu sagen in unserer Tasche, wäre unserem Handeln keine Grenze gesetzt.

Und dann ist da auch noch Mairi . . .«, fügte er in einem anderen Ton hinzu, doch er hing im Augenblick diesem Gedanken nicht weiter nach. »An die Riemen«, rief er statt dessen aus vollem Halse. »Wir können unterwegs einen Plan aushecken.«

Kaum eine halbe Stunde später sichteten Lachlans Männer das Langboot des Guten John, und nicht lange danach lagen sie längsseits. Vom Heck aus sah ihnen der Gute John neugierig zu, wie sie an

Bord geklettert kamen. Er war wie immer erfreut, seine jungen Vettern zu sehen, obwohl ein wenig verdutzt über die Art und Weise ihres Eintreffens und ziemlich befremdet über die Feierlosigkeit, mit der ihre Krieger ihnen an Bord des herrschaftlichen Langbootes folgten. »Mackinnon hat euch anscheinend seine Pinasse zur Verfügung gestellt«, sagte er.

»Ja, wenn man es so ausdrücken darf«, erwiderte Lachlan.

»Wird er später nachfolgen?« fragte der Gute John.

»Ich glaube, wir können sagen, daß er das nicht tun wird«, äußerte Lachlan.

Der Gute John war schon immer ein ausgezeichneter Gastgeber gewesen, und er spürte auch jetzt, daß ein paar Schlucke hilfreich wären. »Laßt uns gemeinsam eine Stärkung zu uns nehmen!« schlug er freundlich vor. Ein Krug wurde herbeigebracht, und John, der inzwischen bemerkt hatte, daß ein Krieger der Macleans neben dem Rudergast Position bezogen hatte und sich seine Gefährten über das ganze Schiff taktisch verteilten, schenkte drei großzügige Maß ein.

Lachlan, der nie um Worte verlegen war, brach das Eis.

»Erlauchter Herrscher«, begann er, mit dem Gespür, daß die Situation eine formellere Anrede als gewöhnlich erforderte, »ich befürchte, wir haben beunruhigende Nachrichten für Euch. Mackinnon, den Ihr so huldvoll zum Haushofmeister ernannt und an den Ihr so viele andere Ehren und Zeichen Eurer Gunst verschwenderisch erteilt habt, *war* von Anfang an ein Verräter, ein Verräter an Eurer Majestät und am Königreich der Inseln . . .«

»Du sagst *war?«* unterbrach der Gute John.

»Ich sage *war«,* fuhr Lachlan fort, »aus dem einfachen Grund, weil der Schurke nicht mehr ist. Mit Hectors getreuer Hilfe habe ich ihn vernichtet, bevor er Euch oder irgend einem anderen noch weiteren Schaden zufügen konnte. Und jetzt bin ich in aller Eile gekommen, um Euch über diese Tatsache in Kenntnis zu setzen und um gemeinsam mit Eurer Majestät über den Sturz des Schurken zu frohlocken.«

Wenn der Gute John über diese Nachricht Kummer empfand, so ließ er sich nichts davon anmerken. Wie andere vor ihm und nach ihm war er zu der Erkenntnis gelangt, daß Politik die Kunst des Machbaren ist. In der Lage, in der er sich jetzt befand, war für ihn das einzig Machbare, höflich dem zuzuhören, was ihm gesagt wurde. Der bloße Anblick Hector Reaganachs, der das scharfkantige Blatt seiner

Streitaxt befingerte, war ihm ungemütlich. Außerdem gestand er sich ein, daß es ihm wohltat, mit »Erlauchter Herrscher« und »Eure Majestät« angeredet zu werden. Nicht genügend Leute taten dies. Er müßte einmal mit seinem Haushofmeister darüber reden – wenn er wieder einen hätte. Immerhin war er der König der Hebriden.

Inzwischen stellte sich ihm eine Frage, die er klären mußte: nämlich über den Kurs, den sein Langboot jetzt nahm. Ardtornish, wohin er unterwegs gewesen war, verschwand backbords rasch außer Sicht. »Wir scheinen nicht in Richtung auf mein Schloß Ardtornish zu segeln«, sagte er mild, denn er war vorwiegend ein milder Mann, »sondern direkt von ihm weg. Und wenn ich mich nicht irre, hat einer eurer Männer das Ruder übernommen.«

»Das ist eine reine Vorsichtsmaßnahme« sagte Lachlan, »nichts, das versichere ich, was Eure Majestät beunruhigen sollte. Jetzt, wo Mackinnon nicht mehr ist, hatten wir das Gefühl«, und Hector nickte bedeutsam, »daß wir drei ein ruhiges Gespräch über die Zukunft führen sollten. Viele wichtige politische Entscheidungen müssen auf einer Anzahl verschiedener Gebiete getroffen werden. Und deshalb segeln wir jetzt nicht ostwärts zu Eurer Majestät Schloß Ardtornish, sondern südwärts zu einem anderen Schloß Eurer Majestät. Zur Festung Dunconnel, die vor vielen Jahrhunderten, wie Ihr Euch zweifellos erinnert, von Eurer Majestät und meinem eigenen höchst edlen Ahnherrn Conal, König von Dalriada, erbaut wurde. Sie liegt nicht nur abgeschieden, sondern hat den zusätzlichen Vorteil, praktisch uneinnehmbar zu sein. Nur eine Handvoll Männer kann sie gegen eine Armee, besser gesagt, gegen eine Flotte verteidigen. Während wir dort weilen, besteht keine Gefahr einer Störung – keine Gefahr, was immer auch kommen mag. Außerdem habe ich, um diese unbequeme Festung für den vorübergehenden Aufenthalt Eurer Majestät erträglich zu machen, meine neue Pinasse mit einigen meiner verläßlichsten Krieger vorausgeschickt, um alles vorzubereiten.«

Für den Guten John, der die vorgeschobenen Posten seines Miniaturreiches weniger gut kannte, als er eigentlich sollte, war die mächtige Felsenfestung Dunconnel keineswegs eine angenehme Überraschung. Vor allem war ihm überhaupt nicht klar, wie sie eigentlich dort landen sollten, oder, falls die Landung gelang, jemals wieder von dort hinwegkämen. Im Norden, Süden und Westen fielen die

Klippen über hundert Meter senkrecht ab ins Meer, während die Ostseite der Insel durch mehrere schrundige Einfahrten zerrissen war, von denen keine so ohne weiteres schiffbar schien. Die Brise frischte bereits auf und die See brach über die schroffen Klippen, auf die sie zusteuerten.

Doch nichts von all dem schreckte Lachlans entschlossene Gefolgsleute nur für einen Augenblick ab. Ehe der Gute John sich versah, hatte ein riesenhafter Krieger seinen obersten Lehensherrn über Bord seines großen Langbootes gehoben und hinuntergelassen in ein winziges Coracle, in dem ein anderer wartete, der ihn mit kräftigen Ruderschlägen durch die schwere See in eine schmale Bucht brachte. Dort ergriffen ihn weitere starke Arme und zogen ihn, für diese Gelegenheit reichlich unfeierlich, eine steile Flucht roh aus dem Stein gehauener Stufen empor und in die Festung hinein. Als die große Tür mit einem Krach hinter ihm ins Schloß fiel, konnte er gerade noch den Eindruck gewinnen, daß die Brise, wenn sie den Namen überhaupt noch verdiente, weiterhin auffrischte.

Der Sturm, der die Westküste Schottlands in jener Nacht heimsuchte, blieb den Einwohnern noch lange in entsetzlicher Erinnerung, doch abgesehen von der Zerstörung, die er anrichtete, konnte nichts den Absichten Lachlan Lubanachs und seines Bruders Hector gelegener kommen. Der Wind heulte um den Burgfried und große Seen brachen über die Klippen. Keine Macht der Erde, mit Ausnahme der Wellen, wenn sie hoch genug reichen sollten, hätten den Guten John von dem steilen Felsen Dunconnel wegschaffen können. Es bestand nicht die geringste Gefahr, daß die bedeutungsschwere Unterhaltung, die die beiden Brüder mit ihm zu führen beabsichtigten, unterbrochen werden könnte. Mit der ihm eigenen Voraussicht hatte Lachlan einen mehr als angemessenen Vorrat an Essen und

Trinken heranschaffen lassen. Ihre Besprechung, falls erforderlich, konnte also unbegrenzt ausgedehnt werden. »Ganz gewiß wird Eure Majestät den Aufenthalt hier genießen«, sagte Lachlan gewinnend. Und der Gute John, liebenswürdig wie immer, pflichtete ihm sanftmütig bei.

»Worüber wir mit Euch zu sprechen den Wunsch haben«, fuhr der Listige Lachlan fort, »ist die Zukunft; Eure Zukunft und die des Königreichs der Inseln. Das sind Dinge, die man nicht einfach dem Zufall überlassen darf. Ihr seid der Arglist des Niall MacGillebride Mackinnon glücklich entronnen. Sein Bruder, der Grüne Abt, ist kaum weniger gefährlich, sollte, zu unserem Pech, ein Anschlag auf sein Leben mißlingen, der nach meiner Kenntnis demnächst verübt wird. Eure Majestät braucht, scheint mir, einen Mann, dem Ihr als Eurer rechten Hand vertrauen könnt – als Eurem Stellvertreter, möchte man fast sagen.«

»Ihr könntet nicht besser daran tun«, unterbrach Hector bei diesem Punkt, »als diese Aufgabe Lachlan zu übertragen, das heißt, wenn Ihr ihn bewegen könnt, sie zu übernehmen. Das ist ein Mann, der weiß, wie die Dinge laufen. Der Listige ist sein Name, und listig ist sein Wesen, sage ich immer.« Und er lachte laut und lang.

»Wie Hector schon sagt«, fuhr Lachlan hastig fort, bevor sein Bruder noch ein weiteres Wort verlieren konnte, »habe ich viele Verpflichtungen, doch die Ernennung zum Großadmiral und zum Oberbefehlshaber Eurer Majestät Truppen würde ich zu schätzen wissen und, wie ich überzeugt bin, ihr auch gerecht werden. Mit mir in der Verantwortung würde Eure Majestät keinen Grund haben, sich den Kopf über militärische Routineangelegenheiten zu zerbrechen. Eure Krieger wären vorzüglich bewaffnet, vorzüglich ausgerüstet und ständen unter vorzüglichem Kommando; Eure Kriegsschiffe wären vorzüglich bemannt und seetüchtig. Und Ihr selbst wäret in der Lage, den weitreichenderen Fragen der Politik und den umfassenden strategischen Plänen mehr Aufmerksamkeit zu schenken, was meiner geringen Meinung nach augenblicklich auf klägliche Weise vernachlässigt wird.«

Um den Burgfried heulte der Wind immer lauter, und die Wellen donnerten unablässig gegen die Klippen, während drinnen Hector Reaganach immerzu mit seiner Streitaxt spielte. Historiker, soweit sie dem Guten John von den Inseln überhaupt Beachtung geschenkt haben, stuften ihn als Realisten ein. Hatte er nicht seine erste Frau Amy verlassen, und dennoch ihr ansehnliches Erbe fest in seinem Besitz behalten. Als Realist sah er, daß ihm nichts anderes übrig blieb, als einzuwilligen. Also willigte er ein.

»Ich habe es mir gleich gedacht«, sagte Lachlan Lubanach schmeichlerisch, »daß ein Staatsmann mit Eurer Majestät Erfahrung und Einsicht ohne Schwierigkeit die Vorteile des Plans, den ich gewagt habe vorzutragen, erkennen würde. Vor allem auch die Wichtigkeit, die Macht in verhältnismäßig wenigen Händen, solange es die richtigen Hände sind, zu konzentrieren. Um der Sicherheit willen muß einem Monarchen aufrecht und pflichttreu gedient werden.«

»Darauf trinke ich«, sagte der Gute John prompt und, wie es Lachlan schien, nicht ganz ohne einen Hauch von Ironie.

»Jetzt bitte ihn um Land«, flüsterte Hector Reaganach allzu vernehmlich.

»Überlaß das mir, du Narr, und halte den Mund«, zischte Lachlan ihn mit unterdrückter Stimme an. Er hoffte, daß das Geräusch des Windes und der Wellen diesen unpassenden Wortwechsel übertönt hatten und fuhr in sanft zwingendem Ton fort: »Es gibt noch eine weitere Angelegenheit, die ich gerne mit Eurer Majestät erörtern würde, eine Angelegenheit, die meinem Herzen näher als irgendwelche militärische Ehren oder unfruchtbare Landstriche liegen«.

»Was wird er wohl jetzt noch fordern wollen?« fragte sich der Gute John. »Ob es wohl die Herrschaft über die Inseln ist? Dazu wäre er leicht imstande.«

Ohne Umschweife kam Lachlan zum Thema. »Ich möchte um die Hand Eurer Tochter anhalten. Sie liebt mich und ich liebe sie. Auch wird Eure Majestät gewiß wohl kaum den Vorteil übersehen, den das Königreich der Inseln aus einer weiteren Stärkung der verwandtschaftlichen Bande ziehen würde, die schon jetzt so glücklich unsere beiden höchst edlen Familien verknüpfen.«

Der Gute John rühmte sich, auf seine schlichte Art ein Philosoph zu sein. Eine ganze Reihe gälischer und sogar lateinischer Redensarten gingen ihm durch den Kopf, die von allen Neunmalklugen ewig und immer angeführt werden. Sie waren alle des Tenors »Wenn man dem Teufel den kleinen Finger reicht, nimmt er die ganze Hand«. Wenn er Dunconnel lebend und seiner Sinne mächtig verlassen wollte, mußte er Lachlan alles geben, wonach er verlangte. Immerhin war es noch ein Glück, daß er nicht mehr gefordert hatte. Und Mairi hatte schon vor einiger Zeit den Verdacht, daß der Fratz was im Schilde führte. »Wenn meine liebste Tochter es wünschen sollte«, sagte er, »würde ich ihr meine Einwilligung nicht gerne versagen.«

Der Sturm begann inzwischen nachzulassen. »Wenn wir Glück haben«, sagte Lachlan Lubanach, »können wir morgen Segel nach Eurem Schloß Ardtornish setzen. Laßt uns indes auf die gute Gesundheit und das künftige Glück Eurer Majestät ebenso wie auf das Eurer getreuen Verbündeten, den Macleans, trinken.« Bis zum Rand füllte er drei fein gepunzte Silberhumpen, die er an Bord von Mackinnons Pinasse gefunden und sich angeeignet hatte. Das Wappen darauf war zum Glück dem seinen sehr ähnlich.

Der nächste Tag brach mit schönem strahlendem Wetter an. Das Langboot des guten John lag so nahe, wie der Kapitän sich herangetraut hatte, und der Gute John, der sich wünschte, die Nacht zuvor nicht ganz so viel getrunken zu haben, wurde auf der kabbeligen See zu ihm hinausgerudert. An seiner Seite saß sein neuer Großadmiral und künftiger Schwiegersohn.

Doch auch jetzt drehte sich der Bug des großen Langbootes nicht in die erhoffte Richtung. Anstatt nordöstlich nahm es nordwestlich Kurs. »Wohin wenden wir uns jetzt«, fragte der Gute John verdrossen. »Ardtornish liegt nach dorthin«, und er deutete in die ungefähre Richtung zum Festland.

»Es gibt da noch eine kleine Formalität, die Eure Majestät erfüllen müssen«, erwiderte Lachlan unterwürfig. »Mir käme es angemessen vor, wenn Ihr als Landesherr und gemäß uralter Sitte den wichtigen Beschlüssen, die Ihr gefaßt habt, die ganze Wirkungskraft Eurer königlichen Autorität verleiht. Auf dem heiligen Schwarzen Stein sitzend, der von Euren edlen Vorvätern in so hohen Ehren gehalten wurde, solltet Ihr sie wiederholen. Aus diesem Grund haben wir Kurs auf die heilige Insel Iona genommen, wo sich, wie Eure Majestät ja wohl wissen, der heilige Stein befindet.«

Als sie Iona erreichten, sah der Herrscher über die Inseln, daß Lachlans Pinasse ihnen wieder einmal vorausgeeilt war. Bei ihrer Landung erwartete sie auf dem Kai schon eine Gruppe tonsurierter Geistlicher in goldenen Meßgewändern, zuvorderst ein Mitra tragender Abt. Nicht der Grüne Abt, stellte er fest, dem wohl ein wirksames

Unglück zugestoßen war, sondern ein mild blickender Priester, der ihm bekannt vorkam, ihn ein Blutsverwandter Lachlans dünkte. Als der Gute John an Land war, formierten sich die Geistlichen zu einer Prozession. Auf ein Zeichen Lachlans schloß er sich ihr an, und mit dem Abt an der Spitze setzte sich die Gesellschaft in Richtung zum Schwarzen Stein in Bewegung.

Der Schwarze Stein war ein wenig einladend aussehender Block aus glattem schwarzem Basalt. Nach des Guten John atavistischem Gefühl hatte er ähnlichen und zweifellos auch einer Reihe ganz anderer Zwecke seit zahllosen Jahrhunderten und unter den unterschiedlichsten Kulturen gedient. Auf eine Gebärde des Abts hin setzte er sich voller Unbehagen auf den Stein. »Erhebt Eure Hand«, sagte der Abt und begann lateinisch zu psalmodieren. Wenn dem Guten John der genaue Sinn des monotonen Gesangs auch verborgen blieb, so hatte er dennoch den deutlichen Eindruck, daß ihm soeben ein Eid abgenommen und außerdem die schauerlichsten göttlichen und anderen Strafen aufgezählt wurden, die ihn träfen, falls er wortbrüchig würde – eine Möglichkeit, die ihm mehr als einmal während der letzten vierundzwanzig Stunden durch den Kopf gegangen war. Doch jetzt würde er durch eine solche Haltung mit absoluter Sicherheit das Höllenfeuer zu spüren bekommen.

Der Gesang fand ein Ende. »Jetzt sprecht mir dies nach«, sagte Lachlan, und der Gute John, der noch immer auf dem heiligen Stein saß, hörte sich selber seinen vertrauenswürdigen und vielgeliebten Vetter Lachlan, Sohn des Iain Dubh, Sohnes Sohn des Gille-Caluim, zum Großadmiral und zum Oberbefehlshaber über die Inseln ernennen und offensichtlich mit Vollmachten ausstatten, die ihm alles zu tun erlaubten, was ihm in den Kopf kam, und wenig später die Hochzeit zwischen besagtem Lachlan und seiner eigenen, nicht weniger vertrauenswürdigen und vielgeliebten Tochter Mairi verkünden.

Doch dies war noch nicht das Ende – eine weitere unwillkommene Überraschung folgte. »Ich habe Euch nicht mit allzu vielen Einzelheiten plagen wollen«, sagte Lachlan, »wußte ich doch, daß Eure Majestät selbstverständlich danach trachten würde, Eure Tochter mit einer angemessenen Mitgift auszustatten. Deshalb habe ich dem schon Gesagten eine kurze Liste der Ländereien angehängt, mit denen Ihr sie am schicklichsten aussteuern könntet und die Ihr bitte nach mir jetzt aufzählt.«

»Eine kurze Liste . . .«, dachte der Gute John wehmütig, als Name auf Name folgte. Angefangen mit der großen Burg Duart auf der schwarzen Landspitze hoch auf dem Felsen den Sound of Mull überblickend, schien sie ihm fast ganz Mull zu umfassen, als auch einen guten Teil des gegenüberliegenden Festlands, ja praktisch alle Ländereien, die vormals im Besitz des jetzt dahingeschiedenen Mackinnon gewesen waren. »Und was ist mit meinem eigenen Schloß Aros«, fragte er sich. »Wird er das auch noch nehmen?«

Doch der Listige Lachlan war so gut wie am Ende. »Aus persönlichen Gründen, die Eure Majestät sicher zu würdigen wissen«, sagte er, »habe ich nun noch ein Ersuchen. Ich möchte Euch bitten, mir die *Isles of the Sea* zu geben und mich zusätzlich zum Konnetabel und Statthalter Eurer königlichen Burg Dunconnel zu ernennen, da wir dort gemeinsam so erfolgreich die glückliche Beziehung, ja Freundschaft festigten, die uns beide verbindet. Ich für meinen Teil werde nie die kostbaren Stunden vergessen, die wir dort in gegenseitiger Gesellschaft verbrachten.«

»Noch werde ich es«, sagte sich der Gute John, als er seine Unterschrift auf einer pergamentenen Urkunde anbrachte, die einer der Mönche, auch ein Maclean, vor ihm ausgebreitet hatte. Er bemerkte, daß an der rechten unteren Ecke das Große Siegel des Inselreichs, das auch noch eine Darstellung seines herrschaftlichen Langboots trug, schon angebracht war. Verblüfft fragte er sich, wie es wohl dahingelangt sein könnte. Doch dann kam er zu der Einsicht, daß er sich bei dem Listigen Lachlan als seinem Großadmiral an Überraschungen zu gewöhnen haben müsse.

Während all dieser Vorgänge hatte es der Wilde Hector nicht ohne Schwierigkeiten geschafft, den Mund zu halten, so wie es ihm sein älterer Bruder am Tag zuvor geheißen hatte. Doch jetzt konnte er nicht länger an sich halten. »Ihr habt mich vergessen«, sagte er düster.

Wie ein Blitz trat auf das Gesicht des Listigen Lachlan ein Ausdruck tiefsten Vorwurfs. »Eure Majestät haben Hector vergessen«, sagte er, geschickt die Schuld verschiebend. Dann, nach kurzem Nachdenken, »warum gebt Ihr ihm nicht Lochbuie?« Binnen kurzem war eine weitere Urkunde angefertigt. Und so gingen die schönen Ländereien von Lochbuie ebenso in Maclean'sche Hände über.

Die Trauung zwischen dem Listigen Lachlan und Mairi wurde

feierlich von dem Mitra tragenden Abt vollzogen. Bald danach wurde ihnen ein Sohn geschenkt, der später als Roter Hector von den Schlachten berühmt wurde, ein großer Häuptling und mächtiger Krieger. Dem Seanachie zufolge beruhte die Zuneigung des jungen Paares auf Gegenseitigkeit. Dies ist eine Untertreibung. Die beiden waren sich zutiefst zugetan und da der eine ebenso listig war wie der andere, über alle Maßen glücklich miteinander. Es besteht auch kein Zweifel, daß Lachlans Liebe zu Mairi in allen seinen Planungen und Listen durchweg von großem Gewicht war. Wegen ihrer nahen Blutsverwandschaft war für ihre Heirat ein eigener Dispens vom Vatikan erforderlich, der vom Papst Urban gern bewilligt wurde. Hatte er doch alles, was er über den Grünen Abt und seine Eheexzesse erfahren hatte, verabscheut. Wieviel mehr bevorzugte er den unverheirateten Nachfolger, der vom Listigen Lachlan so prompt gestellt worden war.

Mit dem jungen Schwiegersohn an der Seite herrschte der Gute John geschickt und weise noch weitere zwanzig Jahre über das Königreich der Inseln, und als seine Zeit erfüllt war, folgte ihm sein Sohn Donald. Je länger der Gute John Lachlan erlebt hatte, desto lieber war er ihm geworden, hatte er doch an ihm einen kühnen Verteidiger, einen klugen Ratgeber und geistesverwandten Gefährten. Seit dieser Zeit waren die Macleans wider alles Neukommende treue Anhänger des Königshauses der Inseln, sogar gelegentlich wider die schottische Krone. Erst verhältnismäßig spät übertrugen sie ihre Untertanentreue auf das Haus Stewart.

Über die Mackinnons erfuhr man lange nichts mehr, besonders nicht auf Mull. Doch ein früher Chronist berichtet, daß sich einige Jahre später einer der vielen Enkel des Grünen Abtes, ein gewisser Fyngonius Fyngonie, eine Konkubine zulegte (»mit deren Mutter vollem Einverständnis«) und es danach dennoch bewerkstelligte, sich in das Kloster von Iona als Mönch einzuführen und darauffolgend »kräftig Hand zu legen auf die Güter des besagten Klosters«, einschließlich vierzig Kühen, die er großzügig seiner Geliebten übereignete.

Auf den Tod von Iain Dubh folgte Lachlan Lubanach seinem Vater als Häuptling des Clan Maclean, und von seiner großartigen Burg Duart aus hielt er noch viele Jahre lang erfolgreich Herrschaft über die Angelegenheiten seines Clan und sorgte rechtzeitig dafür, daß sein in Oxford erzogener Schwager Donald von den Inseln ihn als Besitzer Duarts und seiner anderen Ländereien, als auch als Statthalter und Konnetabel von Dunconnel bestätigte.

Duart, Dunconnel und die anderen Ländereien auf Mull und auf dem Festland, die durch Lachlan Lubanach für den Clan gewonnen worden waren, blieben über dreihundert Jahre in den Händen der Macleans. Ihre Titel und Privilegien, die ihnen anfänglich von den Herrschern über die Inseln gewährt worden waren, wurden von den aufeinanderfolgenden schottischen Königen bestätigt. Doch gegen Ende des siebzehnten Jahrhunderts ging fast alles aus Mißgeschick, aus gelegentlichen Verkennungen, doch hauptsächlich infolge der nicht zu beirrenden Treue des Clan gegenüber dem glücklosen Hause Stewart in den Besitz des Clan Campbell über. Ich freue mich jedoch berichten zu können, daß im Jahre 1912 Duart wieder zum Wohnsitz der Häuptlinge der Macleans wurde. Und ungefähr siebzig Jahre danach konnte die Statthalterei und Kommandantur über das königliche Schloß Dunconnel für Clan-Gillean Maclean zurückgewonnen werden, durch den Autor selber, der direkter Nachfahre jenes verwegenen Kämpfers Lachlan der Listige ist.

# Donald – der Jäger

Im Jahre 1432 lag Alexander, der dritte Herrscher über die Inseln und König der Hebriden, dem Tode nahe im großen Schlafgemach auf seinem Schloß Ardtornish am Sound of Mull. Aus dem ganzen westlichen Hochland und von den Inseln waren die Häuptlinge und edlen Herren der verschiedenen Clans, die ihn als ihren Oberherrn anerkannten, nach Ardtornish gekommen, um dem kranken Mann ihre Aufwartung zu machen, sich von seinem wahren Gesundheitszustand an Ort und Stelle selbst zu überzeugen und um Pläne für die Zukunft im Falle seines Dahinscheidens zu besprechen. Unter ihnen befand sich auch der alte MacMaster, Häuptling eines kleinen Clan gleichen Namens, der seit mehr als hundert Jahren das wilde und gebirgige Gebiet Ardgour am Ufer von Loch Linnhe, fünfzig oder sechzig Meilen weiter nördlich, in Besitz hatte. Zu einer Zeit, in der Schlauheit und Mut lebensnotwendige Eigenschaften waren, stand MacMaster in dem Ruf, nur eine der beiden zu besitzen, und deshalb war er im westlichen Hochland weit und breit als *An Sionnach* bekannt – als der Fuchs.

Das Leiden, das Alexander plagte, war eine bösartige und zehrende Form der Ruhr, der die Hofärzte hilflos gegenüberstanden. Sie hatte den kranken Mann so geschwächt, daß er nur mehr ein Schatten seiner ehemals so robusten Erscheinung war. Er lag hingestreckt in seinem großen Baldachinbett, während die diensttuenden Hofbeamten und die Häuptlinge und edlen Herren respektvoll entfernt in kleinen Gruppen beieinanderstanden. Dies war noch die Zeit, bevor die Zunft der Ärzte die heilende Wirkung frischer Luft voll erkannt hatte. Alle Fenster waren dicht verschlossen und mit schweren Vorhängen versehen. In der Luft hing lastend ein quälend übler Geruch.

Bei all seiner Schläue war der alte Fuchs MacMaster jedoch kein

Schmeichler. Nach den windumtosten Bergen Ardgours widerte ihn der Gestank im Krankenzimmer an. Er sah Alexander im Dämmerzustand, und da er ihn so gut wie für tot hielt, bemühte er sich nicht, einen Ausruf des Abscheus zu unterdrücken. *»Fuich!«* sagte er zu jenen, die ihm am nächsten standen. Und nochmals, *»fuich!«*

Doch trotz der Stumpfheit, die ihn umfangen hielt, nahm Alexander mehr von den Vorgängen um ihn herum wahr, als es den Anschein hatte. Er vernahm das »fuich« des alten MacMasters und fühlte sich dadurch gekränkt. Dieses Benehmen in Gegenwart seines obersten Lehensherrn stand einem einfachen Vasallen nicht zu. Es bewies einen nicht vertretbaren Mangel an Achtung. Der Gedanke daran und an MacMasters ungehobeltes Wesen verweilte und schwärte im Kopf des kranken Mannes.

Während Alexander immer noch über die erlittene Kränkung nachgrübelte, öffnete sich plötzlich am jenseitigen Ende des Schlafgemachs die Tür und ein hübscher, lebensvoller Jüngling platzte ins Zimmer und drängelte sich durch die schweigende Menge bis zu Alexanders Bettstatt vor. Jeder wußte, wer er war. Donald, der

Jäger, nannten sie ihn, Sohn des *Lachlan Bronnach,* des Dickbäuchigen Lachlan, Häuptling der Macleans. Ebenso wußte ein jeder, daß er, obwohl er Lachlans ältester Sohn war, kein Land besaß und keine Aussicht hatte, jemals eines zu erben.

Donalds Mutter war die Tochter des Maclean von Kingerloch, der die benachbarten Ländereien zu MacMasters Gebiet Ardgour am Ufer des nahegelegenen Loch Linnhe besaß. Bald nach Donalds Geburt, vor zwanzig Jahren, war sein Vater Lachlan Bronnach mit seinem eigenen Vater, dem Roten Hector von den Schlachten, in den Krieg gezogen. Sie wollten für ihren Vetter, Donald von den Inseln, gegen die Streitkräfte der schottischen Krone kämpfen, die unter dem Kommando von des Königs Vetter, Alexander Stewart, Earl of Mar, nahe Aberdeen zusammengezogen worden waren. In der folgenden blutigen Schlacht bei Harlaw war der Rote Hector heldenhaft im Zweikampf gegen den Knight of Drum gefallen und der Dickbäuchige Lachlan, jetzt Häuptling an seiner Statt, von Mar gefangengenommen wurde.

Nach angemessener Frist war Lachlan Bronnach von Lord Mar wieder freigelassen worden und auf sein Schloß Duart auf der Insel Mull zurückgekehrt, wo ihn seine ihn innig liebende Familie willkommen hieß. Doch seine Gefühle gegenüber Donalds Mutter schienen sich verändert zu haben. Obwohl der kleine Donald ein lebender Beweis fürs Gegenteil war, begann er die ganze Rechtsgültigkeit des Abkommens zwischen ihnen anzufechten und gestand schließlich ein, daß er jetzt mit keiner geringeren Person als der Tochter Lord Mars verlobt sei und sie demnächst heiraten würde. Tief betrübt ging Donalds Mutter zurück nach Kingerloch zu ihrem Vater und nahm Donald mit sich. Lachlan Bronnach aber heiratete seine Braut aus königlichem Geblüt. Einige Zeit später wurde ihnen ein Sohn geboren und Lachlan anerkannte ihn als seinen Erben. Jetzt mußte nur noch ein Titel und ein Erbe für Donald gefunden werden, der mit den Jahren zu einem hübschen jungen Mann heranwuchs und mit jedem auf bestem Fuß stand. Sowohl durch seine Mutter, als auch durch seinen Vater war er mit dem regierenden Haus der Inseln verwandt.

Niemand aber war Donald zugetaner als sein erlauchter Blutsverwandter, der Herrscher über die Inseln. Der bloße Anblick seiner heiteren Jugend unter so vielen düsteren und servilen Höflingen, ganz abgesehen von solch' rüden und verschlagenen Lümmeln wie

MacMaster, ließ ihn sich besser fühlen. Der kranke Mann begrüßte ihn herzlich und forderte ihn auf, dicht an sein Bett zu treten. Nicht lange und sie steckten tief im Gespräch.

Im westlichen Hochland ist die Frage nach Grund und Boden vorherrschendes Thema. Früher oder später kommt jedes Gespräch darauf zurück, und auch dieses machte keine Ausnahme. Alexander war in Sorge um Donalds grundbesitzlosen Zustand, womit er nicht alleine stand. Donald selbst machte nämlich jetzt seinen Anspruch so zwingend wie möglich vor seinem Vetter geltend, denn niemand war, wie sie beide wußten, besser in der Lage, eine Lösung herbeizuführen. In seinem weitausgedehnten Herrschaftsgebiet konnte Alexander über alles Land verfügen. Lachlan Bronnach war durch die Rechtskraft einer Urkunde aus den Händen des Herrschers über die Inseln im Besitz seiner Inselgebiete, und ebenso verhielt es sich mit den anderen versammelten Häuptlingen, einschließlich MacMasters von Ardgour. Als dieser jetzt Alexanders lebhafteres Verhalten bemerkte, fragte er sich beklommen, ob seine flüchtige Äußerung des Abscheus nicht vielleicht unpassend gewesen sei. Was der Herrscher über die Inseln gegeben hatte, konnte er vielleicht auch wieder nehmen – daran gab es keinen Zweifel.

Ein jeder in dem großen Schlafgemach beobachtete jetzt den bei Alexander sitzenden Donald und spitzte die Ohren, um etwas von ihrer Unterhaltung aufzuschnappen. Ein solches Gespräch konnte sich um jeden von ihnen drehen, sei es zum Guten oder, wahrscheinlicher, zum Schlechten. Als Donald aufstand und sich empfahl, hörten einige, die am nahsten waren, Alexander sagen: *»Leum an garadh far an isle e«,* »Spring über die Mauer, wo sie am niedrigsten ist.« Zu gleicher Zeit glaubten sie ihn einen vielsagenden Blick auf MacMaster werfen zu sehen.

Die Bedeutung von Alexanders Worten war niemandem entgangen. Ein erregtes Raunen erfüllte das Gemach. Man sah Donald zum Ufer eilen und an Bord seiner *birlinn* gehen, ohne Zweifel mit Loch Linnhe als Ziel, doch ob er in Kingerloch oder in Ardgour an Land gehen würde, konnte niemand sagen. MacMaster, der sich mittlerweile allein gelassen und bedroht fühlte, beeilte sich ebenso, nach Hause zurückzukehren, in qualvoller Ungewißheit über das, was ihn bei seiner Ankunft erwarten würde. Einige doppelsinnige Worte, halb warnend und halb drohend, die ihm Donald bei seinem Aufbruch über die Schulter zugeworfen hatte, ließen ihm keine Ruhe. Donald nahm, so schnell sein Boot ihn trug, Kurs auf Kingerloch. Dort versammelte er einige Dutzend Krieger seines Großvaters Maclean und brach nach Ardgour auf. Als erstes geriet ihnen MacMasters Sohn, der noch ein Säugling war, in die Hände. Sie rissen ihn aus den Armen seiner Amme und erdolchten ihn an Ort und Stelle. Es war nicht ihre Absicht, die MacMasters nur zu vertreiben, sondern sie wollten sie mit Stumpf und Stiel ausrotten.

Beim Eintreffen der Macleans hatte der alte MacMaster die Flucht ergriffen und eilte zur Corran Fähre, hoffend, auf die andere Seite des Loch zu gelangen, noch bevor seine Verfolger ihn einholten. Erleichtert erblickte er seinen Fährmann, Mac a Charusglaich, der in kurzer Entfernung vom Ufer von seinem Boot aus fischte. Er rief ihm beschwörend zu, ihn überzusetzen. Doch Mac a Charusglaich fischte weiter und sagte nur, daß die Fische gut anbissen. Als der alte Mann seine Bitte noch dringlicher vorbrachte, erklärte er, daß er seine Ruder wohl verlegt haben müsse, obwohl diese, sauber eingeholt, vom Ufer aus deutlich zu sehen waren.

MacMaster geriet in Verzweiflung. »Setz mich über«, rief er, »und ich werde dir dein Grundstück auf ewig pachtfrei überlassen.«

»Hast *du* auf ewig die Gewalt über *dein* Land?« kam die nachäffende Antwort, und MacMaster wußte jetzt, daß er nichts erreichen würde. Schon hörte er seine Verfolger nahen. In jenen Tagen stand bei Corran ein dichter Wald, der fast bis an den Saum des Ufers reichte. In ihm verbarg er sich notdürftig und vertraute darauf, daß seine Verfolger ihn dort nicht vermuteten.

Doch er hatte nicht mit dem Fährmann gerechnet. Als wenige Minuten später die Macleans in heißer Verfolgungsjagd bei der Fähre eintrafen, tauchte dieser ehrenwerte Mann seine Ruder ins Wasser und strebte mit wenigen langen Schlägen dem Ufer zu. »Ein alter Fuchs hält sich dort drüben im Wald versteckt«, rief er Donald zu. Sofort war der Wald umstellt, und der alte MacMaster wurde herausgezerrt und getötet. Ein Steinhaufen bezeichnet immer noch die Stelle, wo ihn sein Ende ereilte.

»Ich erwies dir einen guten Dienst, indem ich mich weigerte, MacMaster überzusetzen«, sagte Mac a Charusglaich Gunst heischend zu Donald, »keiner wird dir jetzt dein Anrecht streitig machen.« »Das ist richtig«, erwiderte Donald, und der Fährmann grinste selbstzufrieden. »Doch wäre ich in seiner Lage gewesen«, fuhr Donald fort, »hättest du an mir ganz sicherlich ebenso gehandelt wie an ihm.« Er befahl seinen Männern, die Ruder aus dem Boot des Fährmannes zu holen und sie über die Äste zweier Bäume zu legen. An diesem behelfsmäßigen Galgen erhenkten sie den ungetreuen Fährmann ohne viel Federlesens.

Nur wenige Monate später wurde auf Ardtornish eine pergamentene Urkunde ausgefertigt und von Alexander, dem Herrscher über die Inseln, besiegelt. Sie übertrug das Gebiet von Ardgour, das mehr als einhunderttausend Morgen umfaßte, an Donald, Sohn Lachlans, Sohnes Sohn Hectors und bestätigte ihn und seine Leibeserben für immer als Häuptlinge von Ardgour. Bis auf den heutigen Tag, fünfhundertundfünfzig Jahre später, befindet sich Ardgour immer noch in den Händen der Macleans und wird es, aller Voraussicht nach und zu meiner Freude, auch weiterhin bleiben.

# MacNeils Rückkehr nach Barra

In den Zeiten, als die Nordländer in Schottland einfielen, kamen sie auch mit Macht auf die Insel Barra von den Äußeren Hebriden und vertrieben den Häuptling MacNeil, der nach Erin entkam. Dort blieb er, und dort wuchsen seine Kinder auch auf. Die Jahre vergingen, und MacNeils Kinder, denen der Vater nichts von all dem erzählt hatte, spürten, daß sie wie Fremde behandelt wurden, die die Iren *Barraidich* nannten, die Leute von Barra. Dies verwunderte sie, und eines Tages fragten sie ihren Vater bei Tisch, warum sie mit diesem fremdartigen Namen benannt würden und was er bedeute. Doch ihr Vater sagte nur, daß diese Benennung ihm den ärgsten Schmerz bereite und bat sie, nie wieder in seiner Gegenwart darüber zu sprechen. Darauf antworteten sie mit der überstiegenen Entschlossenheit der Jugend, daß sie keinen weiteren Happen und keinen weiteren Tropfen zu sich nehmen würden, bis sie nicht wüßten, was das Wort bedeute. Da gab MacNeil schließlich nach und berichtete ihnen von all dem, was ihm zugestoßen war und von der Schmach und der Verachtung, die er hatte erdulden müssen, während sich die Nordländer über seinen Besitz als Herren aufspielten.

Als die Söhne MacNeils erfahren hatten, wie es zu ihrer Verbannung gekommen war, faßten sie den Entschluß, ihr Erbe zurückzugewinnen. Sie begannen sofort ein Langboot auszurüsten, das sie über das Meer nach Barra bringen sollte. Als ihr Schiff zweckgemäß mit Masten, Segeln und Rudern bestückt und eine geeignete Mannschaft zusammengestellt war, wies ihr Vater sie an, erst Barra Head anzulaufen. Dort, so sagte er, würden sie einen Mann treffen, den er auf der Insel zurückgelassen habe und der ihm noch ergeben sei. Er hieße Macillcary, auf Gälisch *Mac'illecharaich,* und er würde ihnen sagen, wo sie ihre Feinde finden könnten.

Als MacNeils Söhne bei Barra Head landeten, trafen sie Macillcary, der dort noch lebte. Sie erzählten ihm, wer sie wären und was sie wollten. Da riet er ihnen, nach *Bagh-a' Chaisteil,* nach Castle Bay zu segeln und sich dann zu einem Licht aufzumachen, das auf der rechten Seite der Bucht zu sehen sein würde.

Auf der rechten Seite von Castle Bay kamen sie zu dem Haus, aus dem das Licht schien, doch wurden sie nicht eingelassen. Schließlich kletterten sie aufs Dach und konnten durch ein Loch ins Innere blicken. Sie sahen einen armen alten Mann, der bitterlich weinte. Als sie zu ihm hinuntergerufen hatten, daß sie Freunde seien, öffnete er ihnen. Er erzählte ihnen, daß er am selben Tag den Nordmännern die Pacht bezahlt habe und da es nicht der volle Betrag gewesen sei, hätten sie ihm gedroht, daß er die Peitsche zu spüren bekäme, wenn er nicht am Abend des folgenden Tages die fehlende Summe bringen würde. Da berichteten ihm die Söhne MacNeils von ihrem Vorhaben, und der alte Mann zeigte ihnen erfreut einen geheimen Zugang zu der großen Festung Kisimul, die hoch über dem Wasser der Bucht aufragte.

MacNeils Söhne folgten den Weisungen des alten Mannes und konnten die Nordländer, die die Festung hielten, überrumpeln und jeden von ihnen töten. Als nächstes machten sie sich auf zum oberen Ende des Loch und befreiten auch das Dorf Vaslam von den Nordländern. Danach ließen sie ihrem Vater eine Botschaft zukommen, der ihnen darauf mit einer Schar von Gefolgsleuten zu Hilfe kam. Sobald diejenigen Bewohner der Insel, die MacNeil noch treu ergeben waren, von seiner Landung erfuhren, eilten sie herbei und schlossen sich ihm an.

Die Aufgabe der MacNeils war jetzt erst halb getan. An einer Bucht am Nordende der Insel lag noch die Festung Eoligarry, die von den Nordländern machtvoll gehalten wurde. Unter den Inselbewohnern, die sich MacNeil angeschlossen hatten, befand sich auch ein von ihm nicht anerkannter Sohn. Er war auf der Insel zurückgeblieben, und man nannte ihn durch die Umstände seiner Geburt *Mac-an-Amharius,* Sohn des Zweifels. Mac-an-Amharius forderte jetzt MacNeil auf, ihn als Sohn anzuerkennen. Darauf erwiderte sein vermeintlicher Vater: »Wenn du wirklich mein Sohn sein willst, dann beweise es, indem du die ganze Insel noch vor Morgengrauen von meinen Feinden befreist.«

»Gib mir dazu die Mittel«, sagte Mac-an-Amharius, »und es wird nicht die Spur eines Nordländers mehr auf der Insel zu finden sein.« Und MacNeil reichte ihm sein eigenes Schwert.

In jener Nacht, in der die Nordländer schwer gezecht hatten und fest schliefen, schlich Mac-an-Amharius heimlich in die Festung und tötete sie alle an Ort und Stelle. Es heißt, daß man bis auf den heutigen Tag bei großem Sturm, der den Sand um die Festung, in der sie getötet wurden, aufwühlt, ihre Knochen weißgewaschen von den Wellen auf dem Meeresgrund liegen sehen kann. Mac-an-Amharius wurde von MacNeil als Sohn anerkannt. Mit Vaterstolz sagte er, daß nur ein wahrer MacNeil solche Heldentaten vollbringen könne.

»Und von jenem Tag an«, berichtet der Seanachie, »war MacNeil wieder im Besitz seiner alten Rechte.« Daß einige seiner Nachfahren versuchten, in die Rechte anderer einzugreifen und ihren verdienten Lohn erhielten, mag aus der nun folgenden Geschichte ersehen werden.

# Macleans Rückkehr nach Coll

Vor vielen, vielen Jahren lief Maclean of Duart auf seiner Fahrt nach Tiree, um dort die Pacht für seine Ländereien einzusammeln, Kelis auf der Insel Coll an, die zu jener Zeit in den Händen der Nordländer war. Er wollte Fleisch kaufen. Doch die Frau des Hauses, zu welchem er wegen des Fleisches geschickt hatte und die selber eine Maclean war, ließ ihm ausrichten, daß er es ihrer Ansicht nach nicht wert sei, mit Fleisch versorgt zu werden. Der verblüffte Duart ging daraufhin selbst an Land und erkundigte sich freundlich nach dem Grund, der sie so etwas sagen ließe. Freimütig erwiderte sie, daß er nicht den Mut aufbringe, Coll für seinen Clan zu erobern, wie er es eigentlich schon lange hätte tun sollen. Wenn er je anderen Sinnes würde und Hilfe brauche, könne sie ihm dreißig ihrer eigenen Männer zur Verfügung stellen.

Dies brachte Duart auf den Gedanken, daß Coll vielleicht doch besser im Besitz der Macleans als in dem der Nordländer sein sollte. Also unternahm Duart einen Kriegszug und trieb die Nordländer von der Insel. Danach wurde auf sein Betreiben von seinem Blutsverwandten, dem Herrscher über die Inseln, eine Urkunde erstellt, mit der Coll einem Mitglied der Maclean'schen Familie als Häuptling von Coll zugesprochen wurde. Einige Jahre später starb der erste Maclean of Coll und hinterließ nur Iain, seinen wenige Monate alten Sohn. Nicht lange danach nahm seine Witwe MacNeil of Barra zum zweiten Gemahl.

Gleich nach seiner Heirat bezog MacNeil festen Sitz auf Coll und sandte den kleinen Iain in der Obhut einer Amme auf seine eigene Insel Barra. Auf Barra fand die Amme sehr bald einen Liebhaber, der als Ortsansässiger alle Gerüchte kannte. So erfuhr sie auch bald, daß MacNeil beabsichtigte, seinen Stiefsohn beseitigen zu lassen, damit er zu Barra auch noch Coll in Besitz nehmen könnte. Die Amme, den Macleans treu ergeben, entschloß sich, Barra mit ihrem Liebhaber und dem kleinen Iain sofort zu verlassen.

Sie brachen während der Nacht in einem zweirudrigen Coracle auf, doch bald schon sahen sie, daß sie von MacNeils großem, achtrudrigem Langboot mit einem Rudergast an der Pinne verfolgt wurden. Die Amme und ihr Liebhaber legten sich mit aller Kraft ins Zeug, doch das Langboot holte schnell auf. Beide Boote jagten auf den engen Meeresarm zwischen Sorisdale und Boust zu. Jetzt ging es um *beir's cha bheir,* überholen oder nicht überholen. Alles hing davon ab, wer dort als erster ankommen würde. Als die beiden Boote mit jetzt nur wenigen Metern Abstand die Meerenge erreichten, schoß das kleine Coracle sicher hindurch und entkam, wohingegen die langen Ruder des Langbootes an den Felswänden zersplitterten. Seitdem heißt die Stelle »*Caolas 'Bhriste-Ramh,* Straße der Zerbrochenen Ruder.

Nachdem sie ihre Verfolger abgeschüttelt hatten, wandten sich die Flüchtlinge nach Mull, von wo aus der kleine Iain unter dem Schutz Duarts nach Erin gebracht wurde, in sichere Entfernung von seinem Stiefvater. Dort wuchs der Junge zu einem edlen, großen und schönen Mann heran, der seinem Namen *Iain Garbh,* Standhafter Iain, alle Ehre machte. Eines Tages erzählte Iain Garbh der Irin, die ihn umsorgte, daß er in der Nacht zuvor von einem Stoß Haferkuchen geträumt habe und einem Wassertropfen, der vom Dach auf die Haferkuchen gefallen und durch sie hindurchgedrungen sei. Die Irin hatte das zweite Gesicht und deutete ihm den Traum. Er besage, daß er eigentlich der Besitzer von Land sei und was ihm zustehe, rechtzeitig zurückerhalten würde. Davon angestachelt, kehrte Iain Garbh zurück nach Mull und sammelte einige Männer um sich, mit denen er auf Coll landen wollte. Einer unter ihnen war ein dunkelhäutiger, kahlköpfiger Bursche aus Dervaig, der *Gille Riabhach* hieß, Grauer Kerl. Sechs weitere stammten auch aus Dervaig. Bevor sie aufbrachen, schworen sie alle, so als wollten sie den Charakter ihres Unternehmens festlegen, feierlich auf ihre Dolche, das erste menschliche Wesen, das ihnen nach der Landung auf der Insel begegne, zu töten.

Als sie Coll erreicht hatten, stieß Iain Garbh bei einer ersten Erkundung auf seine Amme, die am Strand Muscheln sammelte. Sie war sehr gealtert und schien unglücklich zu sein. *»Dia le Macilleathain«,* »Gott sei mit Maclean«, hörte er sie murmeln. »Welch großes Elend, das Maclean nicht mehr ist«, denn sie erkannte ihn nicht.

»Was hast du gesagt?« fragte Iain Garbh.

»Schweig darüber, was ich sagte«, erwiderte sie hastig, denn sie hatte Angst. »Frauen sagen viele närrische Dinge.«

Daraufhin erkannte er, wer sie war, und als der Graue Kerl und seine Gefährten ankamen und sie gemäß ihrem Schwur töten wollten, untersagte er es ihnen aufs heftigste.

Die alte Frau erzählte jetzt, daß die Rückkehr Macleans schon lange auf der Insel geweissagt worden sei. In Erwartung dessen würde MacNeil, der im Grisipol House lebte, jeden Tag einen Diener auf einem weißen Pferd um Neuigkeiten nach Breacachadh schicken, wo für gewöhnlich die Schiffe landeten. Wenn es nichts zu berichten gäbe, sollte der Bote, rücklings auf dem Pferd sitzend, in langsamem Ritt heimkehren. Wenn ihn jemand begleitete, sollte dieser Gefährte, wenn er ein Freund war, auf der rechten Seite des Pferdes gehen, wohingegen ein Fremder links zu gehen hätte. Am heutigen

Tage, so berichtete sie, habe MacNeils Bote Breacachadh soeben verlassen und befände sich auf dem Weg zurück nach Grisipol.

Auf diese Nachricht hin eilten Iain Garbh und seine Gefährten auf die Spitze des nächsten Hügels, von wo aus sie den Boten langsam auf seinem weißen Pferd und seelenruhig mit dem Gesicht zum Schwanz des Tieres einherreiten sahen. Niemand begleitete ihn. Iain Garbh bot sofort eine großzügige Belohnung demjenigen, der ihn aufhielte.

»Ich will es tun«, sagte der Graue Kerl, »wenn du mir mein Land in Dervaig pachtfrei läßt.«

Ungeduldig erklärte Iain sich einverstanden, denn die Zeit drängte, doch der Graue Kerl war immer noch nicht zufrieden. »Worte sind gut«, sagte er, »doch heilige Eide sind besser.« Und er tat keinen Schritt von der Stelle, bis Iain feierlich bei allem, was ihm heilig war, geschworen hatte, daß er ihm sein Land pachtfrei überlassen würde.

Daraufhin setzte sich der Graue Kerl in Bewegung und lief schnellfüßig übers Land, bis er einen Punkt an der Straße kurzen Wegs vor dem Boten erreicht hatte. Er hockte sich an den Straßenrand, tat, als sei er ein Bettler und begann, während der Bote sich näherte, seine Kleider nach Läusen zu durchsuchen. Als dieser schließlich mit ihm

auf gleicher Höhe war, fragte ihn der Graue Kerl recht gesittet, wo MacNeil sich aufhalte und erfuhr, im Grisipol House. Daraufhin sprang der Graue Kerl mit einem Satz hinter den Boten auf das Pferd und erstach ihn mit seinem Dolch.

Nachdem Iain Garbh mit seinen Gefährten den Grauen Kerl eingeholt hatte, machten sie sich gemeinsam auf den Weg zum

Grisipol House, in dem MacNeil und sein Weib in glücklicher Unwissenheit über Iain Garbhs Eintreffen auf der Insel Tafel hielten.

Wenn MacNeil sich vom Essen erhob, war es Sitte, daß ein Herold folgendes ausrief: »Hört, all ihr Leute, und horcht, all ihr Völker! Der große MacNeil von Barra hat seine Mahlzeit beendet, die Fürsten der Erde mögen jetzt speisen.« Jetzt jedoch wurde auf die Zeremonie verzichtet. Das Ausbleiben des Boten war schon aufgefallen. Nun kam ein Diener, bekannt als der Schwarze Kerl, ins Zimmer gestürzt und meldete, daß Fremde nahten. Lady MacNeil blickte aus dem Fenster und sah, daß einer unter den Fremden ihrem Sohn Iain sehr ähnelte.

MacNeil erfaßte sehr schnell die Lage. Mit dem jetzt unnötigen Ruf, Kriegszeit sei keine Zeit zum Schlafen, stürzte er hinaus zum Kampf. Dicht auf den Fersen folgten ihm der Schwarze Kerl mit einer mächtigen Streitaxt und der Rest seiner Gefolgsleute.

Während des Kampfes wurde der Graue Kerl von MacNeils Schwarzem Kerl hart bedrängt. Plötzlich tat er einen mächtigen Sprung hinüber über den Bach, der am Grisipol House vorbeifloß. Auf diese Weise war er einem wilden Axthieb des Schwarzen Kerls ausgewichen. Die Waffe aber grub sich, knapp an ihm vorbei, in den Boden. Das war für den Grauen Kerl von Glück. Bevor der Schwarze Kerl die Axt wieder an sich bringen konnte, war er wie ein Blitz bei ihr, riß sie aus dem Boden und schlug dem Schwarzen Kerl mit einem Hieb den Kopf ab. Bis auf den heutigen Tag heißt die Stelle, wo sich dies ereignete, *Leum a'Ghille Riabhaich,* Sprung des Grauen Kerls.

Iain Garbh kämpfte unterdessen, im Wasser der Mündung des Baches stehend, mannhaft gegen seinen Stiefvater. Da kam der Graue Kerl ihm zu Hilfe. »Ich meine es ehrlich mit dir, MacNeil«, rief er nicht unbedingt überzeugend, während er mit der Streitaxt des Schwarzen Kerls wild auf ihn eindrang, »sie kommen auch von hinten auf dich los.« Törichterweise blickte MacNeil sich um, und der Graue Kerl, beglückt über den Erfolg seiner einfachen Kriegslist, schlug ihm mit einem einzigen Hieb den Kopf ab. Danach war der Rest von MacNeils Gefolgsleuten rasch in die Enge getrieben und wurde in einer nahen Höhle getötet, die noch jetzt *Glaic nan cnamh* heißt, die Höhle der Knochen.

Als der Kampf vorüber war, kam Iain Garbhs Mutter, nun wieder Witwe, aus Haus Grisipol getreten, um ihn zu begrüßen. In ihren

Armen trug sie ihr kleines Kind, und in schmeichelnden Tönen bat sie den Standhaften Iain, doch zu bemerken, wie sein jüngerer Bruder ihn anlächele. Einen Augenblick lang grinste Iain zurück, dann zog er seinen Dolch und erstach das Kind in den Armen seiner Mutter. Danach konnte man den Grauen Kerl in seiner schlichten Weise immer wieder sagen hören, daß es nicht von Vorteil sein könne, ein Kind zu schonen, das nach einer gewissen Zeit sehr wohl danach trachten mochte, den Tod seines Vaters zu rächen.

Auf diese Weise gelangte die Insel Coll wieder in die Hände seiner rechtmäßigen Besitzer.

# Das letzte Henken

## Eine Geschichte aus Tiree

Das Eheleben Lachlan Cattanachs, des elften Häuptlings des Clan Maclean, über das sich selbst die Seanachies der Macleans zurückhaltend äußern, war reich an Zwischenfällen, und das ist milde ausgedrückt. Als erste heiratete er Lady Elizabeth Campbell, die Schwester Colins, Earl of Argyll. Obgleich diese Verbindung von dem Bruder der Braut, der in ihr eine Möglichkeit witterte, das Land Macleans in seinen Besitz zu bringen, gutgeheißen wurde, so war sie doch keineswegs glücklich. Brachte doch die Braut, wie jedenfalls aus Quellen der Macleans zu vernehmen war, eingeschlossen in ihrem Gefolge einen jungen Liebhaber mit, der nur spärlich als Mönch getarnt war. Sodann protestierte sie lauthals, als Lachlan darauf bestand, mit einem scharfen Schwert an seiner Seite zu schlafen, und schließlich schien sie auch versucht zu haben, ihren Gemahl zu vergiften, zu welchem Zwecke sie die damals noch wenig bekannte Droge *Cavale* verwandte. Hinzu kam, daß sie Lachlan, trotz seiner eifrigen Bemühungen, nicht den so sehr erhofften Erben schenkte. Also beschloß Lachlan, sich ihrer zu entledigen. Mit diesem Ziel setzte er sie auf einem niedrigen Felsen im Sound of Mull aus, der bei Flut von Wellen überspült sein würde. Bis auf den heutigen Tag heißt dieser Felsen *Lady's Rock*. Lachlan aber konnte wohl kaum vorhersehen, daß kurz nachdem er Elizabeth dort allein gelassen hatte, ihre beiden Brüder in ihrer *birlinn* vorbeikommen würden, und daß er sich, als er an jenem Abend bei ihnen eintraf, um mit ihnen zu speisen, und lauthals seinen tragischen Verlust beklagte, am Tisch neben seinem Weib wiederfinden würde – eine vergleichsweise peinliche Situation. Es muß wohl kaum erwähnt werden, daß ihre Ehe diese unglückliche Episode nicht überlebte, wenngleich Lachlan es erstaunlicherweise tat.

Unverdrossen heiratete Lachlan danach eine weitere Campbell. Es war Margaret, die Tochter des Campbell of Achinbreck. Doch auch sie schenkte ihm keinen Erben. Voller Verzweiflung wandte er sich nun seinem eigenen Clan zu und nahm als dritte Frau Marian zum Weibe, die schöne und muntere Tochter des Maclean of Treshnish, Captâin of Cairnburgh. Marian nun schenkte Lachlan zwei kräftige Söhne, Hector und Allan. Auch hatte sie nichts dagegen, daß er mit einem Schwert an seiner Seite schlief. Und sie versuchte auch nicht, ihn zu vergiften. Doch schon bald begann Lachlan, große Zweifel an ihrer Treue zu hegen.

Damit hatte es folgende Bewandtnis: Während sie im Island House auf der Insel Tiree weilten, hatte sich Marian von einem irischen Häuptling namens William O'Buie bezaubern lassen, der ihre Gefühle leidenschaftlich erwiderte. In jenen Tagen herrschte zwischen Irland und den westlichen Inseln ein reger Schiffsverkehr, und zwischen den beiden Liebenden entspann eine lebhafte Korrespondenz. Nachdem Lachlan Cattanach einen Brief von O'Buie an seine Frau abgefangen hatte, bereitete ihm, wie der Seanachie berichtet, diese Ehrenkränkung große Pein. Um die wahren Gefühle seiner Frau zu prüfen, zeigte er ihr ein Federmesser, das er auch abgefangen hatte, und sagte: »Dies ist ein Geschenk, das dir O'Buie sendet.« Darauf erwiderte sie verletzend und in gereimten Versen:

»Mein Liebster, der mir das Messer sandte,
überdrüssig bin ich seines Zögerns,
selber über die See zu kommen.
Und möge es mir an Wohlergehen fehlen,
wenn ich dieses Messer nicht mehr liebte,
als die Hand, die es jetzt hält.«

Dies genügte Lachlan Cattanach. Er bat seinen so listenreichen Blutsverwandten und Nachbarn Lachlan Fionn zu sich und sagte ihm: »Du bist ein kluger Mann und hast sieben Söhne. Geh nach Irland und komm zurück mit O'Buies Kopf. Danach werde ich jede Untat, die du möglicherweise begehst, ungeahndet lassen.«

Dieses großzügige Angebot hatte seinen Reiz, und Lachlan Fionn und seine Söhne stachen unverzüglich mit ihrem Langboot nach Irland in See. Sie gelangten noch vor Sonnenuntergang nach Islay und erreichten Irland am darauffolgenden Tag. Nach ihrem Eintreffen fragte Lachlan Fionn den ersten Mann, auf den er stieß, wo er William O'Buie finden könne.

»Wenn du ihn zu sehen wünschst«, antwortete der Ire, »nun, er kommt in Kürze desselben Wegs in einer Kutsche, die von zwei Schimmeln gezogen wird. Außer ihm besitzt so etwas keiner in ganz Irland.«

Also ging Lachlan Fionn weiter die Straße entlang in die Richtung, die ihm der Mann gewiesen hatte und sah nach einer Weile O'Buies Kutsche mit den Schimmeln auf sich zukommen.

Als O'Buie Lachlan Fionn erblickte, hieß er ihn stehenzubleiben. »Ich sehe, Ihr seid ein Fremder in dieser Gegend«, sagte er.

»Ja«, sagte Lachlan Fionn.

»Von woher kommt Ihr?« fragte O'Buie.

»Von der Insel Tiree«, erwiderte Lachlan Fionn.

»Kennt Ihr das Weib von Maclean?« erkundigte sich O'Buie.

»Ich kenne es gut.«

»Wollt Ihr ihr eine Botschaft von mir überbringen?«

»Aber gewiß«, sagte Lachlan Fionn.

Daraufhin schrieb O'Buie ein paar zärtliche Zeilen. Als er sich bei der Übergabe des Briefes aus der Kutsche beugte, nahm Lachlan Fionn mit der einen Hand den Brief entgegen und hieb im mit der bewaffneten anderen den Kopf ab. Lachlan Fionn nahm den Kopf und eilte zurück zu seinem Langboot. Noch am gleichen Abend erreichte er Islay und war am nächsten Tag zurück auf Tiree.

Sofort nach dem Anlegen begab sich Lachlan Fionn zum Island House. Er traf Maclean und seine Frau beim Frühstück und stellte O'Buies Kopf mit dem Gesicht zu Lady Maclean auf den Tisch, die, als sie ihn sah, einen Schrei tat und tot umfiel. Auf diese Weise war Macleans Ehre reichlich Genüge getan. Lachlan Fionn hatte das in ihn gesetzte Vertrauen mehr als nur gerechtfertigt und verdiente die versprochene Befreiung von Strafe, für welche Untat auch immer.

Nicht lange danach brachten auf Tiree Lachlan Fionns Söhne Torf von Mors heim nach Hynish. Sie waren zu fünft mit sieben Pferden unterwegs, die Körbe voll Torf trugen. Zu jener Zeit stand bei Balvicem eine Mühle. Über das Mühlwehr führte eine Brücke, über die sie auf ihrem Heimweg gehen mußten, die aber bei Sonnenuntergang hochgezogen wurde. An jenem Tag hatten die Söhne Lachlan Fionns länger und härter gearbeitet und deshalb auf dem Rückweg haltgemacht, um sich ein wenig zu stärken. So war es schon lange nach Sonnenuntergang, als sie die Brücke erreichten, und sie war schon längst hochgezogen. Doch bei dem vielen Whisky, den sie getrunken hatten und in der Eile, in der sie waren, bemerkten sie dies nicht und bevor sie anhalten konnten, war das führende Pferd ihres Trupps kopfüber in den Mühlengraben gestürzt und erstickt.

Als die Burschen zu Hause eintrafen, erzählten sie ihrem Vater, daß der Müller bei Einbruch der Nacht die Brücke hochgezogen habe und was ihnen dann zugestoßen sei. Darüber geriet Lachlan Fionn in großen Zorn. Er erinnerte sich der Straffreiheit, die ihm von Lachlan Cattanach gewährt würde, und sagte zu seinen Söhnen: »Wenn mein Pferd durch die Schuld des Müllers erstickte, so wird ihn heute nacht genau das gleiche Schicksal treffen.« Lachlan und seine Söhne brachen zur Mühle auf, fanden den Müller im Bett schlafend vor, griffen ihn und henkten ihn auf dem Hillock of the Cross, direkt gegenüber vom Island House.

Am nächsten Morgen kam zu Lachlan wie gewöhnlich sein Diener, um ihn zu wecken und um das Feuer im Zimmer anzufachen, bevor sein Herr sich aus dem Bett begab. Wie gewöhnlich erkundigte sich der Häuptling, wie der Tag heute sei. Daraufhin antwortete der Diener, daß der Tag heute wohl schön sei, sich jedoch ein merkwürdiger Anblick böte.

»Und was wäre das?« fragte der Häuptling.

»Ein Mann, auf dem Hügel gegenüber, der gehenkt wurde«, lautete die Antwort.

Dies ärgerte Maclean, der einen ausgeprägten Sinn für Anstandsformen besaß. Nicht, daß er etwas gegen das Henken an sich hatte; er duldete nur einfach nicht, daß auf der Insel ohne seine Billigung Menschen aufgeknüpft wurden.

»Wer wagte dies ohne meine Erlaubnis?« fragte er und stieg gereizt aus dem Bett. Doch dann auf einmal wurde ihm bewußt, daß dies das Werk Lachlan Fionns sein mußte, und er vergoß Tränen der Wut. Traurig sagte er: »Es war Teil der Abmachung, die ich mit ihm traf, damit er mir den Kopf des Mannes aus Irland brächte.«

»Und dies«, sagt der Seanachie, »war das letzte Henken auf der Insel.« Der böse Vorfall hatte nämlich Lachlan Cattanach dazu bewogen, den Galgen abzuschaffen.

Der elfte Häuptling des Clan Maclean starb, wie berichtet wird, 1527 während eines Besuchs in Edinburgh im Bett, dort erdolcht vom Bruder seiner ersten Frau, John Campbell of Calder. Dieser hatte im

Namen seines älteren Bruders, des Earl of Argyll, gehandelt, der, wie manche sagen, Lachlan immer noch den erfolglosen Versuch von vor dreißig Jahren, seine Schwester zu ertränken, verübelte. Andere behaupten, daß die Campbells aus politischen Beweggründen handelten, oder, nicht weniger wahrscheinlich, aus dem beständigen Wunsch, soviel Maclean'sches Land wie nur möglich in ihre Hände zu bekommen; ein Bestreben, mit dem sie am Ende nur allzu erfolgreich waren.

# Claras Quell

In einem verborgenen Winkel der grünen Insel Lismore mit dem Blick über den Sound of Mull entspringt ein klarer Bach, der bis auf den heutigen Tag *Tobar a Clar*, Claras Quell, heißt. Wie er zu diesem Namen kam, erzählt eine Geschichte, die jetzt noch im westlichen Hochland lebendig ist.

Von den einhundertdreißig Schiffen der Armada, die von der Mündung des Tajo im Mai 1588 unter dem Kommando des Herzogs von Medina Sidonia in See stachen, war keines hoheitsvoller oder besser ausgerüstet als die große Galeone *Florencia*. Ihre Batterien schwerer Kanonen eigneten sich vorzüglich, einen Feind bei einem Treffen zu vernichten. Ihr hochwohlgeborener Kapitän, Don Fareija, war ebenso berühmt für seine Seemannskunst wie für seinen Mut, während die Krieger und Matrosen, die unter ihm dienten, ihres Befehlshabers würdig waren; sie waren so zuversichtlich wie er, daß sie in dem bevorstehenden Gefecht gegen die Seestreitkräfte des ärgsten Feindes von Spanien, Königin Elizabeth von England, den Sieg davontragen würden.

Es gab jedoch mindestens ein Mitglied der Schiffsbesatzung, dem der Herzog von Medina Sidonia mit Verwunderung begegnet wäre, hätte er der *Florencia* gelegentlich selber einen Besuch abgestattet. Das mächtige Kastell, das die Decks der Galeone mit seinen Reihen erlesen geschnitzter und vergoldeter Luken weit überragte, barg in sich genügend Raum für mehr als nur eine verschwenderisch ausgestattete Kajüte, und von allen war die prachtvollste einem geheimnisvollen Passagier freigehalten worden, der erst wenige Stunden vor dem Auslaufen im Schutze der Dunkelheit und umhüllt von einem weiten schwarzen Seemannsumhang an Deck geschmuggelt worden war.

Erst am nächsten Tag, als sie sich schon auf hoher See befanden, konnten die Matrosen der *Florencia*, wenn sie von ihrer Arbeit aufschauten, eine zarte braunlockige Gestalt in Seemannsumhang hoch über sich auf dem Achterdeck starr hinaus über die Wellen blicken sehen. Wer aber dieser geheimnisvolle Passagier war, darüber hätte allein Don Fareija Auskunft geben können, doch zur großen Enttäuschung sowohl der Offiziere wie der Mannschaft behielt er sein Geheimnis für sich.

Ein oder zwei Wochen zuvor, in einer Zeit, da er mehr als gewohnt von seinen Pflichten als Kapitän in Anspruch genommen war, hatte man ihn heimlich in den Escorial gebeten und ihn dort mit einer Aufgabe betraut, die einem Schiffskapitän, der sich auf einen baldigen Gefechtseinsatz vorbereitete, milde gesprochen, unwillkommen war. Nach einer langatmigen und nicht immer sehr erhellenden Vorrede wurde ihm von einem aufgeregten Geheimen Ratsherren erklärt, daß mit Doña Clara, der verwirrend schönen sechzehnjährigen Tochter eines Vetters zweiten Grades von König Philipp, in letzter Zeit schwer, ja fast überhaupt nicht umzugehen sei. Ganz offen gesagt, sie schien besessen. Doña Claras kürzlich verwitweter Vater, ein konfuser, schwacher und unbedeutender Fürst, der sich in einer derartigen Lage tunlichst immer auf seine schöne, rothaarige Frau verlassen hätte, war am Ende seiner Weisheit. Ihr Beichtvater, ein verbindliches, weltkluges Mitglied des kürzlich gegründeten Jesuitenordens, der zu mehr fähig war als nur dem Umgang mit jugendlichen Launen, sah sich ebenso in Verlegenheit. Nicht anders der Hofarzt. Und die Mutter Oberin des Nonnenklosters, dem schwierige königliche Prinzessinnen gewöhnlich anvertraut wurden, ließ wissen, obwohl sie eine alte Freundin der Familie war, daß sie Doña Clara lieber nicht in ihr wohlgeordnetes Hauswesen aufnehmen würde.

Schon seit einigen Monaten war nämlich Clara das Opfer von Erscheinungen – man möchte fast sagen Heimsuchungen. Diese kamen während der Nacht mit einer Heftigkeit, die sie unwiderstehlich gefunden hätte, wenn sie hätte widerstehen wollen. Nacht für Nacht, nachdem sie sich in ihr jungfräuliches Bett mit seinen keuschen weißen Vorhängen und Decken zurückgezogen hatte, erwachte sie oder schien zu erwachen – so stark waren ihre Sinneswahrnehmungen – und fand sich in den Armen eines ungefähr dreißigjährigen, großen, kräftig gebauten, blauäugigen Mannes mit lohfarbenem Haar. Dies war nicht eitel Phantasie, sondern körperliche Wirklichkeit, mit der verglichen die Stunden ihres Wachseins nur mehr geringe Bedeutung hatten: Am wenigsten zählte die Zeit, die sie mit dem ihr anverlobten, kümmerlichen, jungen Granden von Spanien verbringen mußte, der, obwohl berechtigt, den Hut in Gegenwart des Königs aufzubehalten, sonst wenig an sich hatte, was ihn empfahl. Mit der Zeit waren Faßbares und Schemen unentwirrbar miteinander vermengt. Ihre Träume wurden zur einzigen Wirklichkeit ihres Lebens, einer Wirklichkeit, gegenüber der alles andere vergleichsweise bedeutungslos schien.

Ihr Liebhaber, denn aus gutem Grunde konnte sie ihn als solchen ansehen, war, das wußte sie, kein Spanier. Er kam, so empfand sie, aus irgendeiner nördlichen Gegend – aus einem Land mit Nebel und Dunst, mit braunen Hügeln und grünen Wiesen, grauen Felsen und dunklen Vorgebirgen. So sah der Hintergrund ihrer Träume aus. Von der Existenz dieses Mannes war sie ebenso überzeugt wie von ihrer eigenen, von der er der wichtigste Teil geworden war. Alle ihre Hoffnungen, ihre Tatkraft, ihre Sehnsucht waren nur auf ein einziges Ziel gerichtet – ihn zu finden und den Rest ihres Lebens mit ihm zu verbringen. Kein Wunder, daß jenen, die ihr am nächsten standen, das Zusammenleben mit ihr schwerfiel.

Selbstverständlich war es auf spanischen Schlachtschiffen nicht üblich, weibliche Passagiere zu befördern, am wenigsten in Kriegszeiten. Doch für alle, die unmittelbar betroffen waren, schien das bevorstehende Auslaufen der *Florencia* einen glücklichen Ausweg aus ihrer Verlegenheit zu bieten. Die Spanier erwarteten einen schnellen, leichten Sieg über die Engländer. Danach würde die Armada gewiß, bevor sie im Triumph nach Hause zurückkehrte, ein oder zwei nördliche Häfen anlaufen. Für Clara schien dies in ihrer augenblicklichen Verfassung eine unmittelbare Antwort auf ihre Gebete zu sein. Ihr Vater, ihr geistlicher Ratgeber und die Mutter Oberin des Klosters, alle inbrünstig bedacht, sie für ein Weilchen loszuwerden, sahen die Dinge so ziemlich im selben Licht. Auch machte ihr Arzt die Ansicht geltend, daß sich eine ausgedehnte Seereise als ihrer Gesundheit zuträglich erweisen könne. Also wurden die Fäden gesponnen, die notwendigen Vorbereitungen getroffen, Don Fareija erhielt seine Anweisungen, und einige Wochen später, an einem schönen Maimorgen, sah Doña Clara mit wehendem kastanienbraunem Haar die sonnenbeschienenen Kuppeln und Türme von Lissabon schnell in der Ferne verschwinden.

Doña Claras Reise sollte sich als länger und ereignisreicher erweisen, als sie oder sonst jemand hätte vorhersehen können. Sie hatten Lissabon kaum verlassen, als die Schiffe des Königs von Spanien in einen Sturm gerieten, der zwei von ihnen völlig zerstörte und die anderen dazu zwang, La Coruna anzulaufen, um dort wieder instandgesetzt zu werden. Es wurde Juli, bis sie ein zweites Mal in See stachen, den Ärmelkanal als Ziel. In der Meerenge stießen sie auf die Engländer, die bereit zum Angriff waren. In dem nun folgenden Gefecht erlitten die schwerfälligen spanischen Galeonen durch die leichteren, schnelleren und beweglicheren englischen Schiffe heftigen Schaden. Das Wetter war auch wieder gegen sie. »Die Sturmwinde Gottes« nannten die Spanier die wechselnden Winde, die sich so häufig gegen sie richteten, und legten die Schuld an ihrer Niederlage klar und deutlich dem Allmächtigen zur Last, während die Engländer ihrerseits einer protestantischen Gottheit großzügig erlaubten, am Verdienst des Sieges über den Allerchristlichsten König teilzuhaben.

Für den Herzog von Medina Sidonia, nun schon ein kranker Mann, war eines zumindest klar. Es stand außer Frage, daß seine Schiffe dieselbe Route, der sie auf der Herfahrt gefolgt waren, für die Rückkehr nach Spanien nahmen. Sie hatten von der Meerenge, die jetzt noch fester als zuvor in englischer Hand war, mehr als genug. Sie mußten nordwärts segeln und sich, den Herbststürmen zum Trotz, über den äußersten Norden Schottlands und Irlands, ungastlichen Gegenden voller unbekannter Gefahren, so gut sie konnten nach Hause durchschlagen.

Für König Philipp, der den halben Tag in seiner Privatkapelle im Escorial auf den Knien lag, für den leidenden Herzog Medina Sidonia in seiner Kajüte und für tausend hart bedrängte spanische Seeleute und Krieger auf ihren sturmzerzausten Galeonen war die Aussicht entmutigend. Doch für Doña Clara, die unbeirrbar war, wie nur eine verliebte Frau es sein kann, hatten diese Dinge, gemessen am Sinn ihres Trachtens, nicht die geringste Bedeutung. Die *Florencia* war, wenn auch vom Sturm zerzaust und durch Kugeln und Kartätschen beschädigt, immer noch seetüchtig und schien jetzt endlich Kurs zu nehmen auf jene Gebiete im fernen Nordwesten, die den Hintergrund für ihre liebsten Träume abgaben.

Es gibt keinen vollständigen Bericht über die lange Fahrt der *Florencia* entlang der Ostküste Englands und Schottlands nach Norden und über die Umsegelung von Cape Wrath, bevor sie sich in Richtung Süden durch die klippenreichen sturmgepeitschten Gewässer der westlichen Zufahrt hindurchschlängelte. Wir wissen mit Sicherheit nur, daß sie schließlich an einem böigen Herbstmorgen im September 1588 in der Bucht von *Tobar Mhoire* oder Tobermory, Marias Brunnen, auf der Insel Mull, die zu den Inneren Hebriden gehört, vor Anker ging.

Schon mehr als zwei Jahrhunderte lang war die Insel Mull eine Hochburg der Macleans gewesen, deren Häuptlinge, nun auf der Höhe ihrer Macht, über sie und über einen Großteil des angrenzenden Festlandes herrschten. Ihre Burg Duart saß hoch auf einem felsigen Vorberg über dem Sound of Mull. Zu jener Zeit war Häuptling des Clan Maclean Lachlan Mor, Lachlan der Große, der vierzehnte seines Stammes, als Staatsmann und als Krieger berühmt im ganzen Hochland und noch weit darüber hinaus. Er war mutig wie ein Löwe und an Weisheit und Listenreichtum seinen dreißig Jahren weit voraus. Er sah beeindruckend aus, gut über sechs Fuß lang und kräftig gebaut, mit lohfarbenem Haar, hohen Backenknochen und tiefliegenden blauen Augen, die das alte Wikingerblut aus den frühen Zeiten seiner Familie verrieten.

Es dauerte nicht lange, bis die Nachricht von der Ankunft der Galeone in Duart eintraf. Es störte Lachlan nicht sonderlich, daß die *Florencia* eine spanische Flagge führte oder daß Spanien im Krieg mit Schottlands südlichem Nachbarn England lag. Er hatte mit der englischen Königin schon zu tun gehabt, genauso wie er mit ihrem Vetter, König James VI. von Schottland, nicht immer friedlich zu tun gehabt hatte, dessen Vorherrschaft er anerkannte, wenn es ihm zupaß kam. Zuerst und vor allem war er Häuptling des Clan Maclean, ein unabhängiger Herrscher mit reichlich eigenen Sorgen.

Im Augenblick beschäftigte ihn am meisten seine Fehde mit seinen Nachbarn und nahen Verwandten, den MacDonalds, die jahrhundertelang Verbündete der Macleans gewesen, doch nun zu Rivalen und erbitterten Feinden geworden waren. Er brauchte Waffen und Männer, um gegen sie zu kämpfen. Für ihn war deshalb die Kunde, daß ein spanisches Kriegsschiff, von Kanonen starrend und bemannt mit Bewaffneten, bei Tobermory ankerte, eine vom Himmel gesandte Gelegenheit, um gut ausgerüstete Verbündete zu werben, die sich ihm in seinem Kampf gegen die hassenswerten MacDonalds anschließen würden. Er ließ sein Reittier vorführen, ein struppiges Schottenpferdchen, und galoppierte sofort nach Tobermory. Ein oder zwei Stunden später wurde er in seiner Staatsbarkasse, an der vom Heck die Häuptlingsflagge wehte, hinaus zur *Florencia* gerudert.

Don Fareija oder Kapitän Forester, wie er bis auf den heutigen Tag auf Mull genannt wird, hatte zu seiner großen Erleichterung festgestellt, daß die Einwohner friedlich gestimmt waren. Er selbst besaß natürlich die Höflichkeit eines spanischen Edelmannes. Als er in Lachlan Mor ein verwandtes Wesen erkannte, dessen Wertschätzung guter Lebensart nicht geringer als die seine war, behandelte er ihn mit der Ehrerbietung, die seine hohe Stellung verlangte; einer Ehrerbietung, die Lachlan, wie man leider sagen muß, manchmal im Tiefland zu vermissen glaubte, wo, wie es ihm schien, wenig Verständnis für derlei Dinge herrschte. In einer Art Französisch und mit Hilfe etlicher Worte Küchenlatein fanden sie eine gemeinsame Sprache. Sie saßen behaglich am großen Mahagonitisch in Don Fareijas prächtiger Kajüte und tranken aus vergoldeten Pokalen einen vortrefflichen Sherry aus dem eigenen Weinberg des Edelmannes, und es dauerte nicht lange, bis sie beide ein gegenseitiges, befriedigendes Übereinkommen getroffen hatten: soundso viele Kanonen und die Dienste von soundso vielen Kanonieren, Pikenieren, Musketieren gegen einen sicheren Ankerplatz, soundso viele Rinder und Schafe und soundso viele Oxhofte Getreide.

In Dingen der Gastlichkeit können die Spanier den Hochländern das Wasser reichen. Gerade als Lachlan Mor vorschlagen wollte, daß sie ihre Besprechung nach Duart vertagen sollten, um dort eine Mahlzeit zu sich zu nehmen, erklang ein mächtiger Gong, und Don Fareija führte seinen Gast in eine andere, noch großartigere Kajüte, in der für drei Personen zum Abendessen gedeckt war. Während Lachlan sich fragte, wer der Tischgenosse sein würde, öffnete sich die Kajütentür, und aufschauend erblickte er die schönste Frau, die er je gesehen hatte und in deren verwirrender Erscheinung für ihn etwas unwiderstehlich Vertrautes lag, eine Ähnlichkeit mit jemandem, den

er, so spürte er, schon kannte. Sicher hatte er in einem halb vergessenen Traum oder Wachtraum diese schlanke Gestalt, diese Unmenge kastanienbraunen Haares, diese zarten Gesichtszüge, diese grünen Augen, diese blasse, durchscheinende Haut schon einmal gesehen. Als Doña Clara die Kajüte betrat, leuchteten auch ihre Augen mit dem entgegnenden Blick des Wiedererkennens auf, und er wußte mit einem Schlag, daß dies die große Liebe seines Lebens war.

Für das, was nun folgte, empfiehlt es sich, die überlieferte gälische Fassung, wie sie auf Mull über Jahrhunderte durch Seanachies von einer Generation zur anderen überliefert wurde, hinzuzuziehen. »Sie legte die Hände um seinen Hals und küßte ihn«, lautet sie, »und so anerkannte sie ihn als den Mann, den sie in ihrer Einbildung oder im Traum gesehen hatte. Und Maclean blieb bei ihr mehrere Tage.«

Nachrichten reisen schnell auf Mull. Zwölf Jahre zuvor hatte Lachlan Mor Lady Margaret Cunninghame geheiratet, die Tochter des Earl of Glencairn, eines Edelmannes aus dem Tiefland mit großen Besitzungen, obwohl nicht ganz so großen wie die des noch edleren Earl of Atholl, dessen Tochter und einzige Erbin Lachlan zur großen Empörung aller verlassen hatte, um Margaret zu heiraten. Obwohl sie ihrem Gemahl herzlich zugetan war, machte sich Margaret, eine nüchtern denkende Tiefländerin, kaum falsche Vorstellungen von ihm. Hatte sie ihn nicht selbst seiner anvertrauten Braut im

Laufe einer fröhlichen Neckerei am Kartentisch über die Art und Weise der Auslosung des Spielpartners abspenstig gemacht und für sich gewonnen? Was sie getan hatte, könnten andere genausogut tun. Eine alte Ballade beschreibt ihre Verlegenheit.

*Eine Dame kam aus den grünen, heiteren Lauben*
*Eines fernen Landstrichs im Süden zu unseren Bergen;*
*Mit Glanz in ihren Augen, doch Falschheit im Herzen*
*Verweilt sie und bleibt sie und will nicht scheiden.*

*Durch Finsternis und Gefahr, in Sturm und Regen*
*Segelte sie von den Weingärten Spaniens an unsere Ufer,*
*Entsagte ihrem Land, ihrer Familie, ihrem Zuhause,*
*Um über unsere Westlichen Inseln zu streifen*
*Auf der Suche nach einem Liebsten, der dem schönen*
*Bilde glich, das sie im nächtlichen Schlummer sah.*

*Und hierher, durch einen ungünstigen Stern geleitet,*
*Kam sie im Schmuck ihrer Juwelen und ihrer Schönheit*
*Und richtete ihre Augen auf den Häuptling der Macleans,*
*Um sein Herz zu betören und seine Sinne zu verwirren.*

*Und ich, der ich einst die Wonne seiner Seele war,*
*Bevor sie wie ein Gifthauch mein Glück streifte,*
*Wandere jetzt durch Duart, mißachtet und verlassen,*
*Den Fremden zum Gespött, meinen Jungfern zum Hohn,*
*Mit einem Kummer im Busen, der mir am Herzen nagt,*
*Mit einem Feuer im Kopf, das ewig brennen wird.*

Nachdem die Lady of Duart nach einigen Tagen erfuhr, daß Lachlan noch immer an Bord der *Florencia* weilte und was ihn dort hielt, und weil sie nicht duldete, daß ihr glückliches, wohlgeordnetes, häusliches Leben durch irgendein erträumtes Mädchen aus Spanien zerstört würde, entschloß sie sich zu drastischen Maßnahmen. In Lachlans Blutsverwandtem Donald Glas oder Grey Donald of Movern fand sie einen willigen Helfer. Ihn also sandte sie zu der Galeone mit dem Auftrag, Lachlan zu sagen, daß sie ihn so bald wie möglich am Ufer zu treffen wünsche. Nachdem er Lachlan diese Botschaft hatte zukommen lassen und ihn sicher in seinem Langboot wußte, zog Donald Glas den Oberkanonier der Galeone in ein seemännisches Gespräch. Es würde ihn interessieren, so sagte er, das Pulvermagazin des Schiffes zu besichtigen. Nichts sei leichter als das, erwiderte der Spanier entgegenkommend.

Erst einmal im Pulvermagazin, war alles andere für Donald leicht zu bewerkstelligen. Er wartete ab, bis der alte Kanonier ihm den Rücken zukehrte, legte Feuer an eine sehr lange, langsam brennende Zündschnur, die er mitgebracht hatte und erklärte dann, daß sein Häuptling seiner bedürfe. Eilends machte er sich von Bord und war auf halbem Weg zum Ufer, als die Galeone explodierte und mit der ganzen Besatzung unterging. Einschließlich, darüber kann bedauerlicherweise kein Zweifel bestehen, der schönen Doña Clara. Das einzige Wesen, das überlebte, war ein Hund, der einem der Matrosen gehört hatte; er war hoch hinausgeschleudert worden und sicher und unverletzt auf dem Ufer gelandet. Noch einige Monate später saß er heulend in der Bucht der Stelle gegenüber, wo die Galeone und mit ihr sein Herr verschwunden waren.

Lady Margaret hatte noch rechtzeitig gehandelt. »Maclean«, berichtet der Seanachie, »hatte im Sinn gehabt, mit der Prinzessin zu ziehen, denn er liebte sie inzwischen so sehr wie sie ihn.«

Wenige Tage nach der Explosion wurde Claras Körper durch die Flut an das Ufer der grünen Insel Lismore auf der anderen Seite des Sound of Mull getragen. Ihr Gesicht war im Tode blasser, einige Meeresalgen hatten sich in ihrem kastanienbraunen Haar verfangen, und nässeschwer umhüllte ihr Kleid ihren jugendlichen Körper. Lachlan, der von Mull übersetzte, begrub sie betrübt, dort, wo sie am Ufer lag, nicht weit von dem alten Heiligtum des Sankt Moluaig.

Doch Doña Clara konnte nicht in Frieden ruhen. Eines Nachts, ein oder zwei Jahre später, als Lady Margaret zu Besuch bei ihren vornehmen Verwandten im Süden weilte, gewahrte Lachlan, der allein im Dunkeln seines großen Schlafgemachs in Duart lag, in einer Mischung aus Frohlocken und Angst, daß plötzlich eine blasse Gestalt mit kastanienbraunem Haar an seiner Seite war und sich eine kalte Hand auf die seine legte.

»Laß meine Gebeine«, sagte Doña Clara, »nicht länger allein auf Lismore ruhen, sondern hole sie, reinige sie sorgfältig im Wasser des kleinen Quells, der bei dem Heiligtum des Sankt Moluaig aus der

Erde tritt, und bringe sie zurück zu meinem Vater im fernen Spanien.«

Unter einem Vorwand seiner Frau gegenüber tat Maclean all das. Er wusch ihre Knochen in dem Quell, segelte mit den sterblichen Überresten nach Spanien und übergab diese ihrem Vater. Bis auf den heutigen Tag heißt der Quell *Tobar a Clar*, Claras Quell.

Hier sollte man meinen hätte diese traurige kleine Geschichte ein Ende gefunden. Aber das Schicksal, so erfahren wir, verfügte anders. »Claras Vater«, erzählt der Seanachie weiter, »der ihre sterblichen Überreste durchsah, überfiel große Verzweiflung, als er entdeckte, daß eines ihrer Glieder fehlte. Er geriet darüber so sehr in Zorn, daß er zwei seiner besten Galeonen entsandte, um die Insel Mull zu verwüsten und Maclean zu verderben.« Möglich ist aber auch, daß die Spanier über das Einvernehmen verstimmt waren, das erst kurz zuvor zwischen Lachlan Mor und Spaniens Todfeind, Elizabeth von England, entstanden war. Wie dem auch gewesen sein mag: Als Lachlan Mor davon erfuhr, bereitete er sich, umsichtig wie er war, auf die Gefahr vor. Er wußte, daß er sich in einer solchen Notlage auf die Hilfe seiner unschätzbaren Verbündeten, der Doideagan Muileach, der Grauhaarigen von Mull, verlassen konnte, mit anderen Worten: der Hexen, für die Mull schon lange berühmt war und die ihn als Angehörige seines Clan stolz als Häuptling anerkannten. Keine von ihnen konnte wirkungsvollere Zaubersprüche verhängen als Big Gormsuil, die auf dem emporragenden Ben Mor, dem höchsten aller Berge Mulls, hauste und nun mit ihren Unheilsschwestern Lachlan treu zu Hilfe kam.

Sobald die Galeonen aufkreuzten, ließen die Hexen einen entsetzlichen Sturm aufkommen, während sie selber immer wieder zwei kleine Nachbildungen der spanischen Schiffe in einem Badezuber unter Wasser tauchten. Doch die Spanier, die, wie sich zeigte, eine eigene Hexe an Bord hatten, schlugen zurück, indem sie dem Zauberspruch einen gleichwertigen entgegensetzten. »Doch der Wind blies«, so erzählt der Seanachie, »orkanartig von der Burg hinunter, während sich die Hexen von Mull als Krähen auf die Mastspitzen der Galeonen hockten.« In diesem kritischen Augenblick leuchtete ein Blitz auf, ein Donnerschlag folgte und Big Gormsuil selbst schoß von Ben Mor in Gestalt einer großen schwarzen Katze herab und klammerte sich mit ihren Krallen an die Mastspitze der größeren Galeone. »Da gab der spanische Kapitän«, sagt der Seanachie, »alle Hoffnung auf, und die Schiffe begannen vor dem Sturm zu treiben. Die Spanier holten ihre Äxte, um den Fockmast zu kappen, doch die Schneiden flogen von den Schäften über Bord. Und die beiden Galeonen liefen auf der anderen Seite von Lismore auf Grund und sanken, und mit ihnen die gesamte Mannschaft.«

# Duncans Steinhügel

An der Straße, die von Kilchoman nach Traigh Gruinnaird auf der Insel Islay führt, liegt ein Steinhaufen, den man bis auf den heutigen Tag Cairnduncan, Duncans Steinhügel, nennt. Wie es zu diesem Namen kam, ist eine Geschichte, die jetzt noch von den Leuten, die dort in der Nähe wohnen, erzählt wird.

Von allen Häuptlingen des Clan Maclean erlangten nur wenige so große Berühmtheit als Krieger, wie Sir Lachlan Mor, der vierzehnte seines Stammes auf Duart. In der Tat verbrachte er gegen Ende seines Lebens den größten Teil seiner Zeit im Kampf. Vielleicht sollte es ihm helfen, die reizende Prinzessin aus Spanien zu vergessen, die ihm für wenige dahingeflogene Tage mehr bedeutet hatte, als alles andere im Leben. »Das Leben, das er führte«, berichtet der Historiker des Clan ohne weitere Hinweise, »hatte ihn ruhelos gemacht, und das Verlangen nach Krieg wuchs in ihm.« Angetan mit einem Kettenhemd und eine riesige, doppelköpfige, dänische Streitaxt schwingend, vollbrachte er Ungeheures an Tapferkeit in der Schlacht von Glenlivet im Oktober 1594, in der er für König James gegen die katholischen Earls Angus, Huntly und Errol kämpfte, deren Ziel es gewesen war, in Schottland die alte Religion wiedereinzusetzen. Als nächstes verdingte er sich an Königin Elizabeth von England, deren Einfluß in Irland damals ernstlich durch O'Neill, den aufrührerischen Earl of Tyrone, bedroht wurde. Dieser hatte sich den Beistand sowohl Spaniens als auch des Papstes sichern können. Als Entgelt sandte ihm die englische Königin das, was er in einem Brief an Sir Robert Cecil »ein würdiges Zeichen ihrer Gunst« nannte, nämlich eintausend Kronen, eine willkommene Einlage in seine ständig leeren Schatztruhen.

Doch wirkliche Fehde gab es für Lachlan Mor von Anfang bis

Ende nur mit den MacDonalds. Im Jahre 1596 hatte König James, verstimmt über irgendeine Ausschreitung der MacDonalds und derweilen den Macleans wohlgesonnen, deren Anspruch auf die Rhinns of Islay anerkannt, ein strategisch günstiges Gebiet auf der Insel Islay, um das sich die beiden Clans schon lange heftig stritten. Die MacDonalds weigerten sich, diese Entscheidung anzuerkennen. Inzwischen war Lachlans Neffe, James MacDonald of Islay, der Sohn seiner Schwester Mary, Häuptling des Clan Donald geworden. Nach viel Zänkerei fand sich Lachlan Mor im Sommer des Jahres 1598 nicht ohne böse Ahnungen bereit, seinen Neffen auf Islay zu treffen und mit ihm über die Sache zu verhandeln. Keine Partei traute der anderen. Obwohl es Unterverhandlungen gegeben hatte, muß von Anfang an deutlich gewesen sein, daß ein bewaffneter Zusammenstoß die wahrscheinlichere Art der Beilegung sein würde.

Seitdem zehn Jahre zuvor die Doideagan Muileach, die Hexen von Mull Lachlan vor der Vernichtung durch die Spanier bewahrt hatten, war es ihm zur Gewohnheit geworden, sie um Rat zu fragen, bevor er sich auf irgendein bedeutendes Wagnis einließ. Dieses Mal rieten sie ihm, er solle unter gar keinen Umständen an einem Donnerstag auf Islay landen, nicht aus einer Quelle namens *Tobar Neill Neonaich,* Quelle des Verzauberten Neil, trinken und keinesfalls bei *Traigh Ghruinnaird,* am Ufer des Loch Gruinnard, in den Kampf treten.

Bevor Lachlan auszog, tat er etwas, das vielleicht nicht sehr besonnen war. Seit Generationen von Häuptlingen der Macleans war es, bevor sie in den Krieg zogen, Sitte gewesen, im feierlichen Umzug dreimal im Uhrzeigersinn, das heißt mit der Sonne rund um eine kleine Insel im Loch Spelvie auf Mull zu schreiten und göttlichen Beistand zu erflehen. Obwohl dies bestimmt ein vorchristlicher Brauch gewesen sein muß, beschloß Lachlan, der sich schon früh und voller Begeisterung zum Protestantismus bekannt hatte, seine Mißachtung jetzt für das zu zeigen, was er als Papisterei empfand, indem er dreimal um die Insel in entgegengesetzter Richtung ging, wider den Sonnenlauf.

Der Tag, den er für die Landung auf Islay mit einer Streitmacht von mehreren hundert Stammesmitgliedern bestimmt hatte, war Mittwoch, der vierte August. Doch das Wetter bei den westlichen Inseln ist unberechenbar. Während der Überfahrt von Mull kam ein

Sturm auf, und die Macleans konnten erst am folgenden Morgen an Land. Auch ließ der Sturm Lachlan keine Wahl für die Stelle. Er näherte sich Islay von Westen, und seine *birlinn* lief vor dem Wind direkt in das verhältnismäßig geschützte Loch Gruinnard. Dort, sicher in einer starken Stellung auf einem hoch über dem Ufer gelegenen Gelände verschanzt, warteten die MacDonalds auf ihn. Es konnte kein Zweifel über ihre feindlichen Absichten bestehen, und fraglos würde der Schauplatz der jetzt nicht mehr zu umgehenden Schlacht am Ufer von Loch Gruinnard liegen. Es war ein sengend heißer Augusttag, und Lachlan, der sich mühsam in seinem Kettenhemd den Hügel hocharbeitete, wurde durstig. Jemand reichte ihm einen Schluck kaltes Wasser. Nachdem er ohne zu überlegen getrunken hatte, erkundigte er sich nach dem Namen der Quelle, und ihm wurde gesagt, sie heiße *Tobar Neill Neonaich.*

Und nun, als Lachlan Mor sich unter diesen unseligen Vorzeichen auf die Schlacht vorbereitete, näherte sich ihm ein seltsames, dunkelhäutiges, kleines Wesen namens *Dubh Sith,* der Schwarze Elf. Von ihm hieß es, er sei der Sohn einer Fee und eines Mannes namens Shaw von der Nachbarinsel Jura. Er erklärte, daß er ein fähiger Bogenschütze sei und als Bewohner von Jura ein treuer Anhänger des Clan Maclean und biete deshalb Lachlan Mor seine Dienste an. Sein Aussehen war nicht gewinnend und sein Auftreten wenig überzeugend. Hochmütig wies Lachlan ihn zurück und sagte, er hätte genügend eigene Bogenschützen und bedürfe nicht eines lächerlichen Zwerges gleich ihm. Darauf ging *Dubh Sith* grollend davon und bot seine Dienste den MacDonalds an – und kurz danach begann das Gefecht.

Der Kampf war grimmig. Es dauerte nicht lange und Lachlan Mor, der sich mit seiner großen doppelköpfigen Streitaxt einen Weg durch die feindlichen Linien gebahnt hatte, befand sich von Angesicht zu Angesicht mit seinem Neffen, dem Häuptling der MacDonalds. Doch der Gedanke, daß dieser seiner eigenen Schwester Sohn war, hielt ihn zurück.

*»A shemish! A shemish! A mhic mo pheather!«* rief er. »James, James, Sohn meiner Schwester, *fag mo radhad!,* geh mir aus dem Weg!« und ließ seine Axt nicht auf den Kopf des Neffen, sondern auf ein anderes Mitglied des Stammes MacDonald, dicht neben ihm, fallen.

In der Zwischenzeit hatte sich *Dubh Sith,* dessen Dienste bereitwillig von den MacDonalds angenommen worden waren, hoch in die Zweige einer nahen Eberesche gehockt und wartete seine Zeit ab. In der Hitze des Gefechts öffnete Lachlan Mor das Visier seines Helms. Das war der Augenblick, auf den der Zwerg gewartet hatte. Nach sorgfältigem Zielen schoß er seinen Pfeil ab, der Lachlans linkes Auge durchbohrte und ihn auf der Stelle tötete.

Trotz schwerer Verluste kämpften die Macleans verzweifelt weiter und scharten sich um den Leichnam ihres Häuptlings. Der Rückzug war ihnen abgeschnitten, und Verstärkung konnte nicht zu ihnen gelangen. Sie kämpften bis zum bitteren Ende. Ein kläglicher Rest der Streitmacht verschanzte sich in der nahen Kirche. Sie wurde von ihren Feinden in Flammen gesetzt, und die Macleans verbrannten in ihr. Der Wahlspruch des Clans *vel vincere vel mori* bot nur zwei Möglichkeiten: Sieg oder Tod. Am *Traigh Ghruinnaird* war das letztere der Lohn für einen jeden von ihnen.

In jener Nacht ging Lachlans alte Amme, die in der Nähe wohnte, hinunter aufs Schlachtfeld, um seinen Leichnam zu suchen, und als sie ihn fand, luden sie und ihr Sohn Duncan ihn auf einen Bauernkarren und machten sich südwärts entlang am Ufer von Loch Gorm nach Kilchoman auf den Weg, um ihn dort zu begraben. Die Straße, auf der sie fuhren, war holprig, und durch das Rütteln des Karrens wackelte und nickte der Kopf des Toten merkwürdig hin und her. Duncan, der den Wagen lenkte, blickte sich um, und als er es sah, lachte er laut heraus. Das war das letzte, was er tat. Lachlans alte Amme zückte den Dolch des toten Mannes und stieß ihn in den Rücken ihres Jungen, und nachdem sie die Zügel selbst genommen hatte, ließ sie ihn sterbend am Wegrand liegen, glücklich in dem Wissen, daß der letzte Schimpf an Lachlans Angedenken nicht ungerächt geblieben war.

Lachlan Mor ruht in Kilchoman, wo sie ihn neben der Kirche unter einem großen Stein begrub. Duncan legte man in die Erde, dort, wo seine Mutter ihn niedergestochen hatte, und häufte darüber einen großen Berg von Steinen, der bis auf den heutigen Tag Cairnduncan heißt.

# Macfarlane of Arrochar und der Laird of Luss

»Zur Zeit der Stewart-Könige«, berichtet der Seanachie, »besaßen viele Häuptlinge des Hochlands aus Verteidigungsgründen eigene Festungen, doch wegen der Behaglichkeit auch Wohnsitze.« So hatte auch zur Zeit König James' VI. Macfarlane of Arrochar, dessen Herrschaftsgebiet sich über die Landenge zwischen Loch Lomond und Loch Long erstreckte, eine Festung auf der Insel Inveruglas im Loch Lomond und eine weitere auf *Eilean a'Bhutha.* Sein Wohnsitz hingegen lag bei Chadach Mor am Ufer des Loch nahe Tarbet. Für den Sitz eines Häuptlings war es kein sehr großes und sehr vornehmes Haus. Mit Adlerfarn war es gedeckt und maß genau vierunddreißig Fuß in der Länge und dreizehn in der Breite. Es umfaßte nur drei Zimmer, einen Wohnraum, eine Küche und zwischen beiden einen kleinen Vorratsraum. Das Küchenfeuer befand sich in der Mitte des Fußbodens, und der Rauch zog durch ein Loch im Dach ab; im Wohnraum gab es ein größeres Fenster mit sechs Glasscheiben und in der Küche ein kleineres; auf der Rückseite war ein Fensterloch, das bei stärkerem Wind mit Brettern verschlossen wurde. Das Haus umfaßte nur dieses Erdgeschoß. Doch der Seanachie berichtet: »Balken aus gespaltener Eiche, bedeckt mit Grasschollen bildeten über dem Laird of Arrochar einen Dachboden.«

Wir zählen das Jahr 1592. Die Frau des damals herrschenden Macfarlane of Arrochar stammte aus der alten und adligen Familie Buchanan, deren Ländereien am anderen Ende vom Loch Lomond lagen. In jenen Tagen war es für die Frauen von Grundherren ganz natürlich, für ihren eigenen Tuchbedarf Wolle und Flachs zu spinnen. »Macfarlanes Lady«, berichtet der Seanachie, »war mit Spinnen sehr in Anspruch genommen und fand es, gleich anderen Frauen, nicht unter ihrer Würde, mit dem Garn zum Haus des Webers zu gehen, um ihm Anweisungen zu geben, wie es zu verweben sei.« In diesem Fall lag das Haus des Webers in einiger Entfernung weiter südlich bei Banairidh, nahe *Ros Dubh* am Loch Lomond. Auf dem vorspringenden *Ros Dubh,* der Schwarzen Landspitze, stand, weithin Loch Lomond überblickend, der großartige Wohnsitz von Sir Humphrey Colquhoun of Luss, dem gutaussehenden Häuptling des Clan Colquhoun, eines alten Freundes der Familie der Lady Macfarlane. Außer seinem vornehmen Wohnsitz besaß Sir Humphrey auch eine starke Festung im tieferen Teil des nahen Glen Fruin.

War es da nicht nur natürlich, daß Macfarlanes Eheweib, eine schöne und eigensinnige junge Frau, auf ihren Gängen zum Weber nicht auch ihren alten Freund Sir Humphrey traf. Wie so üblich auf dem Lande bemerkte man diese Begegnungen und redete darüber. Macfarlanes Lady, so hub das Gerede an, verbringt ein gut Teil ihrer Zeit in Gesellschaft des Laird of Luss. »Dies wurde zum öffentlichen Ärgernis«, berichtet der Seanachie, »und weckte natürlich Macfarlanes Eifersucht.«

In jenem Sommer war Lady Macfarlane damit beschäftigt, mehr als die übliche Menge an Garn zur Herstellung eines besonders großen Tuches zu spinnen. Dies erforderte natürlich auch mehr als die übliche Anzahl an Besuchen bei dem Weber in Banairidh. Diese häufigeren Ausflüge blieben von ihrem Gemahl nicht unbemerkt. Seine Eifersucht wuchs, und er gab sich alle Mühe, sie zum Daheimbleiben zu zwingen. Zu jener Zeit gab es zwischen Tarbet und Ros Dubh keine Straße, und Lady Macfarlane mußte ihre Reisen mit dem Boot antreten. Eines Tages erklärte sie ihrem Gemahl, sie habe von dem Weber die Botschaft erhalten, daß er dringend noch einige besondere Anweisungen für das Tuch benötige, das er für sie in Arbeit habe. Macfarlane fragte sie, ob sie nicht jemand anderen schicken könne, doch sie bestand darauf, daß sie selber gehen müsse – die Anweisungen seien schwierig. Während sie hastig ihre Abreise vorbereitete, rutschte ein Brief aus dem Ausschnitt ihres Kleides und fiel zu Boden. Sie hatte es nicht bemerkt, und ihr Gemahl konnte ihn aufheben und in seine Tasche stecken. Nachdem sie fort war, las er ihn. Er stammte vom Laird of Luss aus Banairidh und enthielt die Aufforderung zu einem Stelldichein noch am selben Tag.

Dies bestätigte Macfarlanes ärgsten Verdacht, und er wurde von maßloser Wut gepackt. Er hatte zwischen Loch Lomond und Loch Long eine große Anzahl Bewaffneter für einen solchen Ernstfall bereitstehen. Er versammelte seine gesamte Streitmacht, setzte sich an ihre Spitze und machte sich von Arrochar über die Hügel nach Banairidh auf den Weg. Sie stiegen auf den Inverreoch, erreichten auf der anderen Seite erst Glen Douglas und dann Glen Luss, überquerten den Fluß Luss bei Cuil a'chipean, kamen an Auchengavin vorbei und zogen durch Allt a'chlaidheimh. Sie gelangten auf den Gipfel von Banairidh, und das erste, was sie von dort erblickten, waren Macfarlanes Lady und Sir Humphrey, die gemeinsam durch den Wald wandelten.

Im gleichen Augenblick wurden sie von Lady Macfarlane erspäht. »Flieh rasch«, rief sie Sir Humphrey zu, »doch nicht zu deinem Wohnsitz. Flieh auf deine Festung Bannachra. Diese Männer«, fügte sie unnötigerweise hinzu, »haben es auf dich abgesehen.«

»Sir Humphrey«, berichtet der Seanachie, »wartete kein weiteres Wort ab, sondern floh. Und Macfarlane und seine Männer nahmen die Verfolgung auf.« Die Festung Bannachra lag fünf Meilen entfernt, doch obwohl einige von Macfarlanes Leuten sehr schnellfüßig waren, konnte doch keiner mit Sir Humphrey mithalten, der schneller als sie alle lief, nachdem er Lady Macfarlane auf sich allein gestellt zurückgelassen hatte. Noch ehe die Macfarlanes ihn einholen konnten, hatte er seine Festung erreicht, war mit seinem Gefolge hineingestürzt und hatte das große Tor verbarrikadiert. Unglücklicherweise war aber einer seiner Bediensteten nicht schnell genug gewesen und wurde ausgeschlossen, und da er nun nicht mehr in die Festung gelangen konnte, versteckte er sich in einem Nebengebäude.

Als Macfarlane und seine Männer Bannachra erreichten, versuchten sie das große Tor einzurammen, doch es hielt ihren Bemühungen stand. Darauf durchsuchten sie die Nebengebäude und entdeckten Sir Humphreys unglückseligen Bediensteten, der sofort vor Macfarlane geführt wurde. Dieser war, wie seine Frau zu Recht gemutmaßt hatte, keineswegs in gemütlicher Stimmung. Er zog sein Schwert und richtete es auf die Brust des Bediensteten. »Wenn du mir nicht augenblicklich den Teil der Festung anzeigst, in dem sich Sir Humphrey aufhält«, sagte er »werde ich dieses Schwert von vorne nach hinten durch dich hindurchjagen.«

»Dem Diener war sein Leben lieb«, berichtet der Seanachie. Ohne Zögern verriet er, in welchem Teil der Festung Sir Humphrey sich mit aller Wahrscheinlichkeit befand. Später wurde ihm seine unheroische Haltung von den Einwohnern von Luss verübelt, und er wurde allgemein nur *Traitor Colquhoun,* Verräter Colquhoun genannt, und so auch seine Abkömmlinge noch viele Generationen nach ihm.

Als Macfarlane wußte, wo Sir Humphrey sich verborgen hielt, schickte er seine Männer eilends in den Wald, damit sie belaubte Zweige von den Bäumen schnitten. Diese schichteten sie zu einem großen Haufen in Windrichtung zur Festung auf und steckten sie in Brand. Der Wind trug den Qualm in den Teil der Festung, in dem sich Sir Humphrey befand, und er raubte ihm fast den Atem. Als er den Qualm nicht mehr länger ertragen konnte, ging er zu einer Mauerluke, um frische Luft zu schöpfen. »Und einer der Macfarlanes«, berichtet der Seanachie, »der gegenüber dieser Mauerluke mit seinem Bogen stand, schoß einen Pfeil auf ihn ab, der ihn tötete.«

Als Macfarlanes Männer schließlich in die Festung eingedrungen waren, zogen sie Sir Humphreys Körper heraus und schnitten ihm den Kopf ab. Auch schnitten sie ihm das Geschlecht ab, wickelten beides in ein Tuch und nahmen es mit sich. Macfarlane traf in Cladach Mor zur Essenszeit wieder ein. Er legte Sir Humphreys Geschlecht auf eine hölzerne Sevierplatte, die er vor sein Eheweib auf den Tisch stellte. »Dies ist dein Anteil«, sagte er. »Du wirst schon wissen, was es ist.«

* * *

Sir Humphrey wurde mit Sicherheit durch einen Pfeilschuß getötet, doch gemäß einer anderen, wahrscheinlich verläßlicheren Quelle geschah dies nicht durch einen Macfarlane, sondern durch seinen eigenen jüngeren Bruder Iain, der es darauf abgezielt hatte, ihn als Häuptling zu verdrängen und diese vom Himmel gesandte Gelegenheit benutzte, um ihn aus dem Weg zu schaffen. Auf Sir Humphrey folgte schließlich jedoch nicht Iain, denn dieser wurde bald nach Humphreys Tod nach Edinburgh gebracht, vor Gericht gestellt und am Mercat Cross für eben den Mord an seinem eigenen Bruder hingerichtet.

# Cnoc an t-Sithein

Bei Breighig, der Breiten Bucht, auf der Ostseite der Insel Barra lebte einst ein Mann, der den größten Teil seiner Zeit am Strand verbrachte und nach Dingen Ausschau hielt, die von den Wellen herangetragen wurden. In jenen Tagen waren Schiffbrüche alltäglicher, als sie es heute sind.

Um die Landspitze Ru Mor herum, im Süden von Breighig, lag eine kleine schmale Bucht, genannt Port an Duine, die bekannt war für die vielen Dinge, die dort angespült wurden. Eines Tages, als der Wind aus Südosten blies, ein besonders günstiger Wind für solche unerwarteten Gewinne, stand der Mann oberhalb der Bucht und blickte hinunter auf den Strand. Doch alles, was er auf dem nassen Sand liegen sah, war ein menschlicher Kieferknochen mit wunderschönen weißen Zähnen. Er ging hinunter, hob ihn auf, und während er ihn besah, sagte er zu sich: »In meinem Leben habe ich keine Reihe so herrlicher Zähne gesehen.« Dann ließ er ihn wieder fallen.

Als er zurück den Strand hinaufstieg, vernahm er plötzlich das Spiel auf einem Dudelsack, und so gekonnt, wie er es noch nie gehört hatte. Die Klänge schienen aus dem Erdinnern vor ihm auf seinen Weg zu dringen. Mit jedem seiner Schritte wurde die Musik lauter, und schließlich entdeckte er im Seegras eine flache Steinplatte. Er hob sie hoch und sah vor sich Stufen abwärts führen. Er stieg sie hinab und fand, wie der Seanachie berichtet, »den Dudelsackpfeifer, angetan mit einem Kilt und die Pfeifen blasend – alt und grauhaarig und wunderschön in grüner Tracht und mit silbernen Schnallen auf den Schuhen«. Und der Dudelsackpfeifer hieß den Mann willkommen und forderte ihn auf, sich beim Feuer niederzusetzen, das hell im Kamin brannte. Und das Dudelsackspiel ging weiter. Dann wurde dem Mann zu essen gebracht, was er sehr genoß. Doch nach nur kurzer Zeit bedeutete man ihm, daß er nicht länger verweilen könne. Er müsse die Stufen zurück hinaufgehen und, oben angelangt, die Steinplatte zurücklegen, genauso, wie er sie vorgefunden habe.

Dies tat der Mann, und nachdem er oben angelangt war, setzte er auch die Steinplatte wieder an Ort und Stelle. Dann begab er sich um Ru Mor herum nach Breighig auf den Heimweg. Doch als er zu seinem Haus kam, war es umwuchert von Farn, Nesseln und Binsen, und es gab keinen Hinweis auf menschliche Bewohner. »Und das«, sagte der Seanachie, »ist der seltsamste Teil der Geschichte – all dies sollte in so kurzer Zeit geschehen sein.« Und der Mann blickte sich um und war äußerst erschrocken. Er wußte jetzt, daß er im *Cnoc an t-Sithein* gewesen sein mußte, im Elfenhügel. Um sich herum konnte er auch keinerlei Häuser sehen, bis auf eines, ein gutes Stück Wegs entfernt. Dorthin begab er sich jetzt.

In dem Haus war ein Schuster, ein sehr alter Mann, der gerade Stiefel flickte. »Komm herein«, sagte der Schuster. »Du bist ein Fremder.«

»Ja«, sagte der Mann, »ich bin ein Fremder.« Und er erzählte ihm, wie er um Ru Mor herum und hinunter nach Port an Duine an den Strand gegangen war.

»Und der Schuster«, berichtet der Seanachie, »hielt in seiner Arbeit inne und begann sein Gedächtnis zu durchforschen.« Erst meinte er, er hätte nie von einem solchen Mann vernommen, doch dann, nach einiger Zeit, sagte er: »Ja, ich erinnere mich. Ich erinnere mich, daß mein Urgroßvater, und er hatte es von seinem Vater gehört, von einem alten Mann erzählte, der um das Küstenstück von Ru Mor gegangen war und niemals wiederkehrte. Dann mußt du also jetzt der Mann sein, über den ich von meinem Urgroßvater erfahren habe.«

Und der Mann, der im Elfenhügel gewesen war, setzte sich auf die Schusterbank, weil er sich auf einmal sehr schwach fühlte. Er bat den Schuster, nach der Kirche in Eoligarry, die zur Zeit Sankt Columbas erbaut worden war, zu schicken. Und ein Priester kam von der Kirche und gab dem Mann die letzte Ölung. »Und sobald dies geschehen war«, berichtet der Seanachie, »– ganz sonderbar – fiel er in sich zusammen, ein Erdklumpen.«

# Die Klippe der Tochter des Hufschmieds

Einst lebte in Strebhnis auf der Insel Islay ein Mann namens MacIntyre. In derselben Gemeinde gab es eine Frau, die ihm heftig zugetan war und Grund zu der Hoffnung hatte, daß er sie eines Tages zum Weib nehmen würde. Doch am Ende wurde er anderen Sinnes und heiratete statt ihrer die Tochter des Hufschmieds.

Folglich trug die Frau, die MacIntyre so sehr liebte, gegen die Frau, die er geheiratet hatte, einen bitteren Haß im Herzen. Doch ließ sie es sich, wie der Seanachie berichtet, nicht im geringsten anmerken. Ganz im Gegenteil scheute sie keine Mühe, sich mit MacIntyres Frau anzufreunden und sie so häufig wie möglich zu sehen.

Die Jahre vergingen und eines Tages begaben sich die beiden Frauen gemeinsam hinunter zum Strand, um Muscheln zu sammeln. Nachdem sie dieses eine ganze Weile getan hatten, fühlten sie sich müde und gingen hinaus zu einer etwas vom Strand entfernten Klippe und ließen sich zur Rast auf ihr nieder. Bei Ebbe steht kein Wasser zwischen dieser Klippe und dem Strand, doch bei Flut jagt die See heran und überschäumt die Klippe und füllt die sie umgebende Tiefe.

Während sie gemeinsam auf der Klippe saßen, zog die Frau, die MacIntyre liebte, einen Kamm hervor und begann nun das offene volle Haar seiner Ehefrau so sanft zu kämmen, daß sie nach kurzer Zeit einschlief. Die Frau, die so tat, als würde sie das Haar in Flechten legen, band es nun Strähne für Strähne an den Seetang, der auf der Klippe wuchs. Danach, als die Flut rasch zu steigen begann, ging sie zurück an den Strand, ließ sich dort nieder und wartete das Geschehen ab.

Bald schon wurde MacIntyres Frau von der See geweckt, die über sie hinwegspülte. Sie merkte, in welcher Gefahr sie sich befand und rief ihrer Gefährtin zu, ihr doch zu Hilfe zu eilen. Doch die andere Frau, mit Frohlocken im Herzen, erhob sich jetzt und begann davonzugehen.

»Hast du kein Erbarmen mit einer Ertrinkenden? *Hoog O!*« rief MacIntyres Weib ihr jammernd nach.

»Ich habe nicht das geringste Erbarmen mit ihr«, lautete die Antwort. »Sie geht mich nichts an. *Heery Horo!*« Und überließ sie dem Ertrinken.

Bis auf den heutigen Tag heißt die Klippe, die man bei Ebbe ohne große Schwierigkeit gleich unterhalb von Strebhnis ausmachen kann, die Klippe der Tochter des Hufschmieds.

# Der Tod des Roten Colin

Nach der Erhebung von 1745 und der Niederlage der Jakobiten in der Schlacht von Culloden brachen in den *Highlands,* so berichtet der Seanachie, harte Zeiten an. Alle, die sich auf Prinz Charles Seite gestellt hatten, ob reich oder arm, wurden geplündert. Weder Kuh noch Pferd, Schaf noch Ziege wurde ihnen gelassen; die Tücher zog man ihnen von den Betten und die Kleider vom Leib; selbst die Stränge gesponnener Wolle nahm man ihnen aus den Färbebottichen und steckte ihre Häuser in Brand. Die Jakobiten waren in der Regel loyal untereinander, hielten wie ein Körper fest zusammen, wenn es darum ging, vor den Männern König Georges die Verstecke der Geächteten zu verheimlichen und Mittel und Wege zu finden, sie mit Nahrung zu versorgen. Was sie besaßen, teilten sie untereinander und hielten vor jenen, die auf der Seite des Königs standen, Stillschweigen über ihre eigenen Angelegenheiten. Doch gab es auch, wie in solchen Situationen nicht anders zu erwarten, Verräter unter ihnen, die Informationen an die Regierung weitergaben.

»Wenn deshalb ein Mann«, berichtet der Seanachie, »zum Haus eines Nachbarn ging, um irgend etwas mit ihm zu besprechen, schaute er sich erst um und fragte: »Ist das Dach dieses Hauses undicht?« Wenn nur Freunde anwesend waren, lautete die Antwort: »Nein«. Doch wenn es sich nicht so verhielt, wurde erwidert: »So ist es. Gib acht, wo du dich hinsetzt.« Mancherlei Ungemach nahmen jene auf sich, die dem Haus Stewart treu blieben.

Nach der Erhebung wurden die Ländereien der Anhänger Prinz Charles' konfisziert und Gutsverwalter der Regierung eingesetzt, die sie bewirtschafteten und die Pachten eintrieben. Für die Ländereien von Cameron of Lochiel und Stewart of Appin war Colin Campbell of Glenure bestellter Gutsverwalter. Glenure, ein jüngerer Sohn

Campbells of Barcaldine und seiner zweiten Frau, der Tochter von Cameron of Lochiel, war ein rothaariger Mann und hieß deshalb in der Gegend *Cailean Ruadh,* der Rote Colin. Er hatte 1745 und 1746 auf der Seite der hannoveranischen Streitkräfte gedient und sich den Ruf erworben, »sehr schrecklich gegen jene vorzugehen, die sich mit dem Prinzen erhoben hatten«.

Es hieß, daß Glenure dies in eindeutiger Weise gezeigt habe, als nach dem Sieg des Duke of Cumberland bei Culloden der Laird of Kinlochmoidart und der Bruder von MacDonald of Keppoch von Regierungstruppen gefangengenommen wurden. Beide hatten sich ihre Rangabzeichen entfernt und sich unter die Menge der gemeinen Soldaten gemischt, hoffend, auf diese Weise unerkannt davonzukommen. Einige anwesende Offiziere der Regierung, die die beiden vor dem Aufstand gekannt hatten, sahen sie, gaben jedoch kein Anzeichen des Erkennens. Doch dann erschien Glenure. »Oh«! sagte er, als er die Gefangenen erblickte. »Da ist der Laird of Kinlochmoidart, der in der Armee des Prinzen Major war. Und dort ist der Bruder von MacDonald of Keppoch, der auch den Rang eines Offiziers in der Armee Prinz Charles' bekleidete.« Daraufhin wurden die beiden jungen Männer ergriffen, ins Gefängnis geworfen und nach einer formellen Gerichtsverhandlung als Verräter zum Tode verurteilt. Zuerst wurden sie gehenkt, doch wieder heruntergenommen, noch bevor sie tot waren. Dann wurden ihnen die Herzen herausgeschnitten und ins Gesicht geworfen. Danach wurden sie enthauptet, ihre Leiber verbrannt und ihre Asche dem Wind übergeben. Eine Geschichte will wissen, daß in MacDonald zwei Herzen gefunden wurden.

In den folgenden Jahren verpaßte Colin of Glenure keine Gelegenheit, den Jakobiten zuzusetzen, wobei er mit dem Clan seiner Mutter, den Camerons, keine Ausnahme machte. »Ich werde mit diesen Männern abrechnen«, sagte er. »Ich werde dafür sorgen, daß nicht eine Scholle Land in Appin in Stewart-Händen bleibt und nicht eine Scholle Land in Lochaber in Cameron-Händen.« »Diese Redeweisen«, berichtet der Seanachie, »brachte die Bewohner von Appin und Lochaber in Wut und schürte den Haß auf Colin of Glenure.«

Wann immer sich die Gelegenheit bot, ließ Glenure seinen Worten Taten folgen, hetzte Flüchtlinge unbarmherzig nieder und tötete einmal mit eigener Hand eine Frau, die mutig versucht hatte, das

Leben ihres Schwiegersohns zu retten, indem sie sich vor ihn stellte und rief: »Colin! Colin! Laß ihm doch wenigstens sein Leben!« Doch Glenure hatte ihrer nicht geachtet und den Schuß losgehen lassen. »Derartige Taten«, berichtet der Seanachie, »schürte auch bei jenen großen Haß gegen Colin, die den Leuten, die sich mit dem Prinzen erhoben hatten, Verständnis entgegenbrachten. Und sie wünschten Colin den Tod.«

Charles Stewart of Ardsheil, der auf der Seite von Prinz Charles gekämpft hatte, lebte jetzt im Exil in Frankreich; seine Ländereien waren konfisziert worden und *Seumas a'Ghlinne,* James of the Glen, sein natürlicher Sohn, zahlte an seiner Stelle als Pächter die Pacht an Glenure. James zahlte nur eine niedrige Pacht und ließ einen Teil des Einkommens aus den Ländereien der Frau seines Halbbruders, Isobel, zukommen. Doch Glenure erfuhr dies von einem Informanten und konfiszierte sofort James' gesamten Viehbestand und alle seine Vorräte, vertrieb ihn aus Ardsheil und verpachtete den Besitz langfristig an einen Campbell-Genossen. »Dies«, berichtet der Seanachie, »fügte James of the Glen großen Schaden zu . . .« Von nun an verfiel er dem Trunk, und wenn er betrunken war, was häufig geschah, schmähte er Colin of Glenure, redete von dessen Übelwollen ihm gegenüber, drohte, daß er Colin so viel Schaden zufügen wolle, wie Colin ihm zugefügt habe. Und seinen Haß verbarg er nicht. Die Lady of Ardsheil aber wurde gezwungen, mit ihren Kindern Appin zu verlassen und, noch bevor sie zu ihrem Gemahl nach Frankreich stoßen konnte, woanders Zuflucht zu suchen.

Colin of Glenure übte danach auch weiterhin keine Nachsicht mit den Bewohnern von Appin und Lochaber, und als diese zwei Herren aus der Bevölkerung zu ihm sandten, damit sie ihn zur Vernunft brächten, wiederholte er nur, was er schon gesagt hatte, nämlich, daß er in seinem Tun nicht einhalten würde, solange er noch eine einzige Scholle Land in den Händen der Stewarts oder Camerons wüßte. »Diese Rede«, berichtet der Seanachie, »breitete sich in ganz Appin und Lochaber aus. Wenn er weiterhin vorgehen würde wie bislang, so sagte man sich, würde in Kürze für keinen der alten Einwohner mehr Land übrig sein. Haß auf Colin hatte schon zuvor geherrscht, und die Menschen wären sicherlich froh gewesen, ihn tot zu wissen. Doch als sie seine Rede erneut vernahmen, wuchs in ihnen das Verlangen, ihn selber zu töten.« Es war ein weitverbreiteter Wunsch.

Der erste Plan, der zur Tat führen sollte, wurde von dem Laird of Callart ausgebrütet, der sich freiwillig erbot, Colin eine Kugel durch den Leib zu jagen, während er sich auf seinem üblichen Abendspaziergang erging. Nach einem Tischgespräch unter vier Augen mit Stewart of Fasnacloich verwarf Callart jedoch diesen Plan. Ein anderes Vorgehen nahm jetzt Gestalt an. Einige der vornehmsten Männer von Appin fanden sich bei Glenstockdale in Appin zusammen. Das Geschehen läßt sich am besten mit den Worten des Seanachies beschreiben: »Es gab«, berichtet er, »einige Männer im Land, die ihre Waffen nicht an den König ausgeliefert hatten, und sie gehörten zu den hochgeachtetsten im Land. Jeder, der ein Gewehr besaß, sollte es mitbringen, damit man dessen Tauglichkeit prüfen könne. Der Ort, den sie für das Ausprobieren der Gewehre wählten, hieß Lag Bhlair an Lochain. Dort würde das Geräusch der Schüsse nicht weit dringen.

Zu jenem Zeitpunkt gab es in Appin und Glencoe drei Gewehre. John Stewart, der bei Caolas nan Con wohnte, besaß eins, das er *a'Chuilbhearnach* nannte. Es war ein spanisches Gewehr, in seiner Art ein sehr gutes. Der Laird of Fasnacloich besaß eine Doppelbüchse, und ein weiterer Mann in Appin namens Dugald MacColl, von einigen auch Dugald of the Whisker geheißen, besaß ein großes, langes, spanisches Gewehr, dem er den Namen *an t-Slinneanach* gegeben hatte. Es war eine ausgezeichnete Büchsflinte.

Sie trafen sich am verabredeten Tag und Ort. Bevor sie mit dem Schießen begannen, schworen sie sich, daß sie ihre Angelegenheit geheimhalten würden, und daß jene, die die Schußwaffen besaßen, sie jenen zu übergeben hätten, die die besten Schützen seien. Der beste Schütze sollte das beste Gewehr erhalten und auf die besondere Beute angesetzt werden. Sie probierten die Gewehre aus, und Dugald MacColls *Slinneanach,* das Breitschultrige, war das beste. Es schickte eine Kugel und einen Schrotschuß auf eine Entfernung von hundert Yards keine zwei Inches voneinander entfernt fast in die Mitte des Ziels. Ein Mann namens Donald Stewart, ein Neffe des Laird of Ballachulish, hatte beim Schießen die sicherste Hand. Er setzte mit *Slinneanach* Kugel und Schrotschuß in die Mitte der Scheibe. Dugald MacColl übergab ihm *Slinneanach* und Donald wurde erwählt, Glenure zu erschießen. Der Laird of Fasnacloich war der zweitbeste Schütze; er wurde zu Donald Stewarts Gefährten bestimmt.«

Bald darauf erfuhr man, daß Colin of Glenure in einer Angelegenheit im Zusammenhang mit den Cameron'schen Ländereien nach Lochaber unterwegs war. In seiner Begleitung befand sich Mungo Campbell, der natürliche Sohn seines Bruders Barcaldine, den er an seiner Statt zum Gutsverwalter über die Ländereien von Lochiel einsetzen wollte, da er sich selber, aus verständlichen Gründen, nicht mehr so recht dorthin wagte. Die Verschwörer entschieden deshalb, diese Reise Colins zu nutzen, im Hinterhalt zu liegen und ihn auf seinem Rückweg zu töten. Die Camerons erhielten die Aufgabe, ihn in Lochaber nicht aus den Augen zu lassen. Weiter entlang der Strecke würde Big Donald Og MacMartin of Dochanassy lauern, hoffend, einen Schuß auf den Roten Colin abfeuern zu können. Die Lairds of Onich und Callart würden bei Onich warten, und auf der anderen Seite von Loch Leven schließlich Donald Stewart, der Neffe des Laird of Ballachulish, mit seinem Gefährten Stewart of Fasnacloich bei einem großen schwarzen Felsen zwischen Ballachulish und Lettermore Stellung beziehen. Sie sollten dort im Wald versteckt liegen, wo sie *Slinneanach* und Fasnacloichs Gewehr auf dem Ast einer großen Birke abstützen konnten.

Am Samstag, dem 14. Mai 1752, machte sich Glenure nach abgeschlossenen Geschäften in Begleitung seines Neffen Mungo und John Mackenzies, seines Dieners, auf den Heimweg. Als Glenure dort vorbeikam, wo Big Donald Og of Dochanassy ihm auflauern wollte, war Big Donald nicht zur Stelle. Er war zu spät aufgebrochen und erschien erst am Schauplatz, als Colin und seine Gefährten schon vorbeigezogen waren. Bei dieser Entdeckung geriet Donald in großen Zorn. »Wie konntest du Colin of Glenure einfach vorbeilassen?« fragte er wutschnaubend seinen Gefährten, der hätte Wache halten sollen.

»Ich schlief, als er kam«, erwiderte der Mann linkisch, »und er ritt vorbei, ohne daß ich es merkte.« Woraufhin Big Donald, dessen Würde gelitten hatte, hinter Colin nach Onich herhetzte, wo die Lairds of Onich und Callart warteten.

Inzwischen hatte der Diener des Roten Colin, John Mackenzie, der aus Onich stammte, erfahren, daß entlang der Straße Männer mit Gewehren auf seinen Herrn warteten, und mutig hielt er sich so nah wie möglich an seiner Seite. Und so geschah es, daß Mackenzie, als sie Onich erreichten, genau in der Schußlinie zwischen Colin und den Lairds of Onich und Callart ritt, die zwar zur Stelle waren, doch nicht auf ihn zu schießen wagten, weil sie fürchteten, Mackenzie zu töten, dessen Vater sie kannten. »Aus diesem Grund«, berichtet der Seanachie, »gelangte Colin sicher an Onich vorbei, wie er schon zuvor am anderen Ort vorbeigelangt war.«

Kurz nachdem Colin Onich passiert hatte, kam Big Donald Og in einem Zustand höchster Entrüstung herangaloppiert. »Wie konntet ihr nur den Schuft vorbeilassen, ohne ihm seinen verdienten Lohn zu geben?« fragte er verärgert die Lairds of Callart und Onich.

»Der Diener Mackenzie«, erwiderten sie, »war zwischen uns und ihm, und wir feuerten nicht auf ihn, weil wir fürchteten, mit ihm auch Mackenzie zu töten.«

Dies machte Big Donald Og noch ärgerlicher. »Wäre ich in dem Moment zur Stelle gewesen«, erklärte er, »hätte ich den Schuß getan, auch wenn es ebenso den Tod Mackenzies bedeutet hätte. Die Männer auf der anderen Seite werden sich gewiß nicht so lax verhalten, wie jene auf der hiesigen. Ich werde mich hier erst wegrühren, bis ich den Knall des Schusses gehört habe.« Und er setzte sich nieder und wartete, gierig horchend auf das Geräusch von Schüssen von der gegenüberliegenden Seite des Loch.

Als Colin und seine Gefährten Caolas Mhic Pharuig, die Anlegestelle der Fähre bei Ballachulish erreichten, erwartete *Postair Cam,* der Einäugige Fährmann namens Archibald MacInnes sie schon. Es hieß, daß Archie, wenn auch einäugig, das zweite Gesicht besaß und von Dingen wußte, noch bevor sie sich ereigneten. Wie immer es sich damit verhielt, auf jeden Fall glaubte er genau zu wissen, daß sich entlang des Weges Leute befänden, die dem Roten Colin übel gesonnen waren und eine Gelegenheit suchten, ihn zu beseitigen. »Colin«, sagte er zu ihm, »wenn ich dir raten darf, so reite heute abend keinesfalls am Loch Leven entlang, sondern nimm deinen Heimweg durch Gleann an Fhiudharich, damit dir kein Unglück zustößt.«

»Das werde ich nicht tun«, erwiderte Colin. »Ich werde den Weg über Ardsheil einschlagen – ich habe dort noch Dinge abzuwickeln. Und bei diesem Weg bleibt es!«

»Nun«, sagte der Einäugige Fährmann, »dann rate ich dir, ein Boot zu nehmen und in der Mitte des Loch zu fahren, so weit vom Ufer entfernt, daß eine Kugel dich nicht erreichen kann.«

»So etwas befürchte ich überhaupt nicht«, sagte Colin. »Ich gebe zu, daß ich in Lochaber meine Bedenken hatte. Vor dem Clan meiner Mutter mußte ich auf der Hut sein. Doch jetzt, da ich aus meiner Mutter Land ganz draußen bin, brauche ich nichts mehr zu befürchten.«

Darauf nahm der Einäugige Fährmann Colin, Mungo und den Diener Mackenzie und ihre Pferde auf die Fähre, und als sie das andere Ufer erreichten, saßen die drei auf und ritten auf der Straße nach Lettermore davon. Sie waren noch nicht weit gelangt, als sie Iain Stewart of Ballachulish, *Iain Buidhe,* wie man ihn nannte, den Blonden Iain, begegneten. »Es wäre besser, du würdest die heutige Nacht in meinem Haus verbringen, Colin«, sagte Ballachulish, dessen Neffe Donald, wie er ziemlich sicher wußte, nicht weit entfernt mit *Slinneanach* auf Colin lauerte. »Besser du nimmt für eine Nacht meine Gastfreundschaft an und reist erst morgen weiter.«

Der Rote Colin dankte ihm, doch erwiderte er: »Ich werde nicht bleiben. Ich habe es eilig, nach Ardsheil zu gelangen und wünsche so schnell wie möglich auf dem Weg zu sein.«

»Du bist eingeladen, nach deinem Belieben eine Nacht bei mir zu verbringen«, sagte der Laird of Ballachulish, »und ich glaube, es wäre besser für dich, du bliebest.«

»Ich will voran und keine Zeit verlieren«, erwiderte Colin, »in Ardsheil gibt es für mich Dinge zu erledigen.«

Darauf setzten Colin of Glenure und sein Neffe Mungo ihre Pferde in Trab, und Stewart of Ballachulish und der Diener Mackenzie, die langsamer folgten, verloren sie bald aus den Augen.

Als nun Glenure und Mungo den schwarzen Felsen nahe Lettermore erreichten, wo sich der Laird of Fasnacloich und der Neffe von Ballachulish, Donald Stewart, verborgen hielten, wurde ein Schuß abgefeuert, und zwei Kugeln trafen Colin in die linke Seite zwischen Rippen und Achselhöhle. Darauf bäumte sich sein Pferd auf, und er rutschte seitlich aus dem Sattel, wobei er schrie: »Oh Mungo, Mungo! Flieh! Flieh! Flieh so schnell wie die Beine deines Pferdes dich tragen. Ich bin getroffen.« Danach brach das Pferd in ein Gatter am Wegrand, und er, der seitlich aus dem Sattel hing, schlug gegen den Gatterpfosten, stürzte zu Boden und verstummte für immer.

In der Ferne vernahmen Stewart of Ballachulish und der Diener Mackenzie den Schuß. »Dieser Schuß«, sagte Ballachulish zu Mackenzie, »hat Unglück angerichtet. Ich hoffe, Colin of Glenure ist am Ufer entlang geritten und befindet sich in Sicherheit.« Dann machte er kehrt und ritt zurück nach Ballachulish, während Mackenzie eilte, um nach seinem Herrn zu sehen.

Bei Onich, jenseits des Loch, vernahm man ebenso den Schuß.

Schwerfällig kam Big Donald Og MacMartin of Dochanassy auf die Beine. »Meine Aufgabe ist jetzt erledigt«, sagte er selbstgefällig zu jenen, die bei ihm weilten. »Ich kann nach Hause gehen. Ich wußte, daß die tapferen Männer auf der anderen Seite diesen Schuft nicht auf so einfältige Weise an sich vorbeilassen würden, wie jene auf der hiesigen.«

Als Mackenzie die Stelle erreichte, wo sein Herr erschossen worden war, sah er Glenure tot in seinem Blut am Wegrand liegen und Mungo, seinen Neffen, an seiner Seite stehen. Sobald Mackenzie in Sicht war, rief ihm Mungo zu: »Eile so schnell du kannst zum Haus von James of the Glen und überrede ihn und alle anderen, die du antriffst, hierher zu kommen, um Colin of Glenure zu tragen.« Der von Entsetzen gepackte Mackenzie gab seinem Pferd die Sporen und ritt so schnell er konnte zum Haus von James.

James of the Glen, der jetzt nahe Aucharn lebte, hatte an jenem Tag Gerste gesät. Die Erde war feucht gewesen, und bis über die Knie klebte an James der Schmutz. Als er einen Reiter nahen hörte, sagte er: »Das Galoppieren dieses Pferdes gefällt mir nicht. Es wird zu hart geritten.« James stand mit dem Rücken zum Feuer und wärmte sich, als Mackenzie an die Tür klopfte. Auf das Geräusch hin verließ James das Feuer, und als man die Tür öffnete, begab er sich in sein Schlafgemach. Als Mackenzie eintrat, sah er James gerade noch, ließ es sich aber nicht anmerken. Er fragte nach dem Hausherrn, bekam jedoch mitgeteilt, daß dieser nicht zugegen sei. Da platzte Mackenzie mit der Nachricht heraus, daß sein Herr zwischen Ballachulish und Lettermore getötet worden sei. Als James saubere Kleider angezogen hatte, kam er ins Zimmer zurück, und Mackenzie wiederholte seinen Bericht.

*»Co'sam bith an ciontach, is mise an creineach«*, sagte James. »Wer immer der Schuldige ist, ich werde es sein, der die Strafe bezahlt.« Dann bat Mackenzie James, mit ihm zu kommen und Colin of Glenure zu tragen. James wäre dazu bereit gewesen, doch seine Frau war dagegen, und so ging er schließlich nicht mit.

Die Dämmerung brach an, und der junge Mungo Campbell wartete am Leichnam seines Onkels und versuchte den Fluß des Blutes zu stillen. Da kam eine Frau vorbei, die über ihre Schultern ein Tuch gebunden trug. »Seid bitte so gütig, Frau, und gebt mir euer Tuch«, sagte Mungo zu ihr. »Ich werde es euch auch bezahlen.«

»Das gebe ich euch bestimmt nicht«, erwiderte die Frau. »Ich habe mein Tuch im Laden gekauft. Geht doch auch zum Laden und kauft euch selber eins.«

»Hier liegt ein Mann«, sagte Mungo, »der durch einen Schuß, den jemand auf ihn abgefeuert hat, getötet wurde. Ich bitte um das Tuch, um den Blutfluß zum Stillen zu bringen.«

»Soll der Jäger jetzt die Suppe trinken«, sagte die Frau in scharfem Ton und ging ihres Weges.

Als Mungo später über diese Begegnung nachdachte, fragte er sich, ob es wohl eine gewöhnliche Frau gewesen sei: Es war so etwas Seltsames an ihr gewesen, doch war sie ihm auch bekannt vorgekommen. Plötzlich wußte er es. Sie hatte ganz der Frau geglichen, die Colin einst erschossen hatte, als sie versuchte, ihren Schwiegersohn zu schützen.

Der Diener Mackenzie konnte inzwischen genügend Männer versammeln und kehrte mit ihnen zurück zum Leichnam seines Herrn. Gemeinsam brachten sie ihn in einem Boot zum Haus des Müllers im nahen Kintallen, betteten ihn in eine Scheune und ließen ihn dort, bis eine Totenbahre angefertigt war. In der Priorei von Ardchattan, der alten Begräbnisstätte der Campbells of Barcaldine, wurde er dann beigesetzt.

Als Glenures Blutsverwandte und die anderen Herren des Clan

Campbell von dem Mord erfuhren, waren sie natürlich ungeheuer aufgebracht. »Und sie forschten im ganzen Land«, so berichtet der Seanachie, »um herauszufinden, wer ihm übelgewollt habe.« Jetzt besann man sich, daß James of the Glen, nachdem Glenure ihn aus Ardsheil vertrieben und all sein Vieh und seine Vorräte an sich genommen hatte, in seinem häufig betrunkenen Zustand für den ihm zugefügten Schaden Colin verflucht und gesagt hatte, daß er ihm bei erster Gelegenheit ebenso schaden würde. Einmal sogar, als James mit anderen Männern im Wirtshaus gewesen war und einer etwas herausfordernd vorgeschlagen hatte, auf die Gesundheit Colins of Glenure zu trinken, hatte James erwidert: »Ich trinke gewiß nicht auf die Gesundheit Colins of Glenure.« »Was möchtest du statt dessen tun?« wollte der andere wissen. »Würde man ihn aufknüpfen«, hatte James gesagt, »würde ich an seinen Füßen ziehen.« »Diese Äußerung war aufgefallen«, berichtet der Seanachie, »und man hatte sie nicht vergessen. Als nun allen eine große Belohnung versprochen wurde, die Hinweise auf jene geben würden, die Colin übelgewollt hatten, gab es auch einen Hinweis auf die Rede, die James of the Glen geführt hatte, und er wurde ergriffen und ins Gefängnis geworfen.«

Ebenso erhielt der Sheriff von Inveraray den Hinweis, daß an dem Tag des Mordes an Colin of Glenure man Stewart of Fasnacloich bewaffnet ins Hochmoor hatte gehen sehen. Infolgedessen wurde Fasnacloich ergriffen und vor Gericht gebracht. Hinzu kam die Mitteilung, daß Fasnacloich einige Zeit zuvor einen Diener zu seinem Blutsverwandten William Stewart, genannt *Uileam Mor MacDonnachaich Fhuiden,* geschickt habe, um ein kleines Päckchen abzuholen. Als Fasnacloich das Päckchen öffnete, hatte der Diener gesehen, daß es einige Bleikugeln enthielt und eine Form zum Umgießen mit der Nummer eines Gewehrs. Doch als man Fasnacloich nach Inveraray brachte, floh der Diener außer Landes und kehrte erst nach mehreren Jahren wieder zurück. »Es ist nicht bekannt«, berichtet der Seanachie, »welches Zeugnis der Diener gegen Fasnacloich vorgebracht hätte, wäre man seiner habhaft geworden – doch man wurde seiner nicht habhaft.«

Ein Zeuge, der gegen Fasnacloich gerufen wurde, war Donald Macintyre, genannt Domnhall Ban, ein Jagdgehilfe im Dienst des Stewart of Invernahyle. Wie Fasnacloich hatte auch Donald sich dem Prinzen angeschlossen. Unter Eid vom Sheriff befragt, ob er am Tag, an dem Colin of Glenure getötet wurde, den Laird of Fasnacloich mit Waffen ins Hochmoor hatte gehen sehen, antwortete er »nein«. Weitere Zeugen zu diesem Punkt gab es nicht, und so stellte man das Verfahren ein und ließ Fasnacloich frei.

Einige Zeit danach sah Fasnacloich den Jagdgehilfen Domnhall Ban auf einem Feld bei der Arbeit. »Komm zu mir, Domnhall Ban«, sagte er, »ich möchte dir etwas sagen.« Daraufhin kam Domnhall Ban zu ihm herüber. »Ich stehe sehr in deiner Schuld, Domnhall Ban«, sagte Fasnacloich, »weil du in Inveraray einen Meineid geleistet hast, um mich zu retten.«

»Du Schurke«, erwiderte Domnhall Ban gutgelaunt, »willst du etwa sagen, daß ich deinetwegen einen Meineid leistete?«

»Nun, dann laß mich wissen«, sagte Fasnacloich, »wie du dich von diesem Verdacht reinigen willst?«

»Der Sheriff fragte mich«, sagte Donald, »sahst du an dem Tag, als Colin of Glenure getötet wurde, den Laird of Fasnacloich mit Waffen ins Hochmoor gehen?« Ich sagte »nein«, denn du trugst nur ein Gewehr, und ein Gewehr ist nicht Waffen; es ist eine Waffe.«

»Recht hast du«, sagte Fasnacloich, und sie reichten sich die Hand.

Der Seanachie berichtet weiter: »Unter den Vornehmen und weniger Vornehmen, sowohl in Lochaber als auch im Appin von MacIain Stuibhart, gab es kaum einen Herrn, der Prinz Charles gefolgt war und nicht auf irgendeine Weise mit dem Anschlag auf das Leben von Colin of Glenure zu tun gehabt hatte. Diese Mitwisser befürchteten nun, daß Nachforschungen betrieben und Informationen über ihre Verwicklung in den Komplott gewonnen würden. Deshalb ersannen sie einen Plan, um jene, die nach Beweisen suchten, von der Spur zu locken.«

Der Plan, den diese Herren ausheckten, betraf einen gewissen Allan Stewart, den Pflegesohn von James of the Glen, den man allgemein Allan Breck nannte oder Speckled Allan (Gefleckter Allan), da sein Gesicht über und über mit Blatternnarben gezeichnet war. Er war ein abenteuerlicher Typ, hatte 1745 auf beiden Seiten gekämpft, war schließlich Offizier in der französischen Armee geworden und hatte sich in Appin aufgehalten, als Colin getötet wurde. Gegen eine Belohnung war Allan Breck jetzt bereit, sich eine Zeitlang in den Bergen zu verstecken und die Rede verbreiten zu lassen, daß er der Mörder sei, »um die Nachforschungen«, so stellt es der

Seanachie dar, »die sich mit dem Rest der Herren befaßten, einschlafen und jene, die nach dem Schuldigen forschten, das Land nach Allan Breck absuchen zu lassen. Und die Leute im Land hielten fest zu ihm, denn so lange er nicht gegriffen wurde, verdeckte er die Schuld jener, die die böse Tat begangen hatten.«

Nachdem Allan Breck sich eine Zeitlang in den Bergen versteckt gehalten hatte, fand er schließlich Mittel und Wege, nach Frankreich zu gelangen, von wo er einen Brief sandte, in dem er sich als der Mann bekannte, der Colin of Glenure getötet hatte. »Doch der Brief«, sagt der Seanachie, »kam nicht rechtzeitig genug an, um für James of the Glen von Nutzen zu sein.«

Am 21. September 1752 wurde James of the Glen im alten Gerichtsgebäude zu Inveraray wegen Mitschuld an der Ermordung von Colin of Glenure der Prozeß gemacht. Wie andere Verfahren zuvor und danach war auch sein Verfahren hauptsächlich als eine Warnung für andere beabsichtigt und sein Ausgang im vorherein entschieden.

Oberster Richter war Archibald Campbell, dritter Duke of Argyll und Präsident des schottischen Gerichtshofs. Von den fünfzehn Geschworenen trugen elf den Namen Campbell. Unter den Anklagevertretern befand sich Simon Fraser, vordem Master of Lovat und erst kürzlich an den schottischen Gerichtshof berufen. Seine Kenntnis des Gälischen war hilfreich, und nach der Hinrichtung seines Vaters wegen Hochverrats und seiner eigenen Teilnahme am Aufstand war er überaus ängstlich darauf bedacht, sich mit der Regierung auszusöhnen und ein neues Leben für sich zu schaffen.

James' Prozeß, berichtet der Seanachie, dauerte drei Tage, »ohne daß etwas gegen ihn gefunden werden konnte, das seine Schuld bewies«. Am dritten Tag wurde ein gewisser John Breck MacColl aus Glenduror gegen ihn als Zeuge aufgerufen. John MacColl war früh Waise geworden, und James hatte ihm zur Seite gestanden und in seinem eigenen Haus großgezogen. John hatte mit James viel Zeit in der Wirtschaft verbracht und ihn oft Colin of Glenure schmähen hören. Doch nichts in seiner Aussage war von hinreichender Bedeutung, um es selbst jenem Gericht zu ermöglichen, James zu verurteilen. Als John MacColl den Gerichtshof verließ, traf er seine Frau und sie unterhielten sich über das Zeugnis, das John gegeben hatte.

»Sagtest du ihnen«, fragte seine Frau, »daß du James of the Glen einst, als er betrunken war, sagen hörtest, daß er eine Meile auf seinen Knien rutschen würde, um aus Colin einen Birkhahn zu machen?«

»Wirklich, daran habe ich mich nicht erinnert«, erwiderte John.

»Nun«, sagte seine Frau, »besser du begibst dich wieder dorthin und berichtest es ihnen.«

»Ich finde es nicht recht, wieder in den Gerichtshof zurückzukehren, da ich mich nicht daran erinnerte, als ich in ihm drin war«, erwiderte John, doch schließlich konnte seine Frau ihn überreden, und er kehrte um und sagte zu dem Gericht: »Als ich vorhin hier war, habe ich etwas vergessen, Gentlemen. Ich entsinne mich einer Kleinigkeit, die ich Euch nicht berichtete.«

»Dann komm«, erwiderten sie, »und betritt den Zeugenstand und laß uns hören, was du zu sagen hast.«

Und John MacColl betrat wiederum den Zeugenstand und sagte: »Einmal, als er betrunken war, hörte ich den Gefangenen James Stewart sagen, daß er drei Meilen auf den Knien über Eis rutschen würde, wenn er Colin of Glenure damit zu einem Birkhahn machen könne.« Sobald der Richter dies vernommen hatte, fällte er das Urteil. James Stewart solle an einem Galgen auf dem Hügel Cnap a'Chaolais bei Ballachulish gehenkt werden; sein Körper solle hängen bleiben, bis er herabfiele; seine Knochen sollten wieder aufgehängt werden und am Galgen hängen bleiben, bis sie vermoderten.

Als Donald Stewart, der Neffe des Laird of Ballachulish, erfuhr, daß James of the Glen zum Tode verurteilt im Gefängnis lag, war er tief unglücklich, daß ein Mann für ein Verbrechen sterben sollte, daß er nicht begangen hatte. Er überlegte ernsthaft, sich freiwillig zu stellen, um an seiner Statt gehängt zu werden. Doch als seine Freunde von seinem Vorhaben erfuhren, waren sie in großer Sorge, daß er sie durch seine Handlungsweise mit hineinziehen würde. Mit aller Mühe versuchten sie, ihn davon abzubringen. Sie führten ihm vor Augen, daß es weit besser wäre, ein Unschuldiger würde hingerichtet, als daß ein allgemeines Verderben über alle Bewohner des Landes hereinbräche, und wenn er selbst, Donald, sich freiwillig stellen sollte, dies James nicht vom Galgen erretten, sondern nur bewirken würde, daß man sie beide erhängte. Es bestünde auch ernste Gefahr, daß alle am Komplott beteiligten entlarvt würden, und wen man nicht hinrichtete, würde man des Landes verweisen. Unter großen Schwierigkeiten konnten sie ihn schließlich von seinem

Entschluß abbringen. Donald aber packte vor Gram das Fieber und er lag lange danach krank zu Bett.«

Sehr bald errichtete man auf dem Hügel Cnap a'Chaolais bei der Fähre von Ballachulish einen Galgen, und am 8. November 1752 wurde James of the Glen dort erhängt. Es heißt, daß einige Camerons vorhatten, ihn auf dem Weg zum Galgen zu befreien, doch James brachte sie davon ab. Er meinte, daß dies seinem Land mehr Schaden zufügen würde, als sein Leben wert sei.

Bevor James gehenkt wurde, bat er einen der beiden anwesenden Pfarrer, ihm den fünfunddreißigsten Psalm vorzulesen, und in Appin und Lochaber wurde dieser Psalm lange *Salm Sheaumais a'Ghlinne* genannt, der Psalm von James of the Glen: »Denn sie haben mir ohne Ursache ihr Netz gestellt, mich zu verderben, und haben ohne Ursache meiner Seele Gruben zugerichtet . . . Es treten frevle Zeugen auf; die zeihen mich, des ich nicht schuldig bin.«

Nachdem man James gehenkt hatte, ließ man den Leib, wie vom Gericht angewiesen, am Galgen gekettet hängen. »Das war seinen Freunden sehr unangenehm«, berichtet der Seanachie, »denn der Galgen war vom Haus seiner Witwe und von jenen seiner beiden verheirateten Schwestern aus sichtbar und auch vom Haus des Laird of Ballachulish. Und wann immer sie in Richtung Ardsheil blickten, sahen sie James am Galgen hängen.« Einige Zeit später, als Donald, der Neffe von Stewart of Ballachulish, von seinem Fieber genesen war, gingen er und Alexander Campbell, der Bruder von Colin of Glenure und Sohn des Laird of Barcaldine mit ihren Hunden und Jagdgehilfen ins Rannoch Moor auf Hirschjagd. Donald hatte seine lange Flinte *Slinneanach* bei sich. Nachdem sie den ganzen Tag umhergezogen waren, ohne einen Hirsch gesichtet zu haben, ließen sie sich gegen Abend in einer Mulde nieder, um das mitgebrachte Essen zu verzehren. Da sahen sie plötzlich am Horizont so etwas wie die Geweihenden eines Hirsches. »Pfeif!« sagte Donald zu seinem Jagdgehilfen. Darauf rührte sich nichts. »Pfeif lauter!« sagte Donald, und der Jagdgehilfe pfiff lauter. Darauf erhob sich ein Hirsch. Donald legte sein langes Gewehr an und zielte.

»Du Narr«, sagte Alexander. »Glaubst du denn, daß du ihn auf diese Entfernung triffst?« Donald feuerte und der Hirsch brach zusammen. »Du hast es geschafft«, sagte Alexander. »Ich hätte nicht geglaubt, daß irgendein Gewehr auf diese Entferung treffen könnte.«

Gemeinsam gingen sie zu dem erlegten Hirsch und schauten nach, wo er getroffen worden war. Die Einschüsse der beiden Kugeln aus jenem Gewehr waren ungefähr die doppelte Breite eines jeden Einschusses voneinander entfernt und saßen zwischen dem Schulterblatt und der Fleischrippe.

»Genau auf diese Art«, sagte Alexander, als er die Einschüsse erblickte, »wurde mein Bruder Colin getroffen, und wenn ich mich nicht täusche, ist dies dasselbe Gewehr, mit dem die Tat begangen wurde.«

»Denkst du etwa«, fragte Donald mit überraschender Direktheit, »daß ich es war, der deinen Bruder tötete?«

»Ich weiß nicht, in wessen Hand das Gewehr lag«, sagte Alexander, »doch müßte ich mich sehr täuschen, wenn dies nicht das Gewehr ist, mit dem der Mord begangen wurde«.

»Sollte ich glauben, daß es dir in den Kopf kommt, ich hätte deinen Bruder getötet«, erwiderte Donald, »dann dürftest du nicht lebend auf eigenen Füßen nach Hause kommen.«

»Ich behaupte nicht, daß du es warst, der meinen Bruder tötete«, sagte Alexander Campbell, »doch ich stelle fest, daß die beiden Kugeln aus dem Gewehr, das du besitzt, in derselben Entfernung voneinander und auf fast die gleiche Art wie bei meinem Bruder getroffen haben.«

»Wenn ich den Eindruck gewänne, daß du mich verdächtigst, deinen Bruder getötet zu haben«, wiederholte Donald, »dann dürftest du nicht nach Hause, um dies jemand anderem zu sagen.«

»Oh, ich verdächtige dich nicht«, sagte Alexander. »Ich sage nur, daß die Einschüsse sich gleichen.«

Dieses Gespräch, berichtet der Seanachie, ließ Kälte zwischen den beiden aufkommen. Sie trennten sich und jeder nahm einen anderen Weg heimwärts, und danach gingen sie nie wieder gemeinsam auf Hirschjagd.

Donald Stewart begab sich bald darauf auf See und kehrte erst als alter Mann wieder nach Ballachulish zurück. Es heißt, daß er in einer armseligen Hütte bei Gleann na n-Iola starb. Viele vornehme Herren aus dem Land waren in der Nacht seines Todes bei ihm. Doch plötzlich fürchteten sie sich und flohen ins Freie. Erst als der Tag anbrach, wagten sie sich wieder in die Hütte. Da fanden sie Donald tot vor.

Die Knochen von James of the Glen blieben einige Jahre lang in Ketten am Galgen auf dem Cnap a'Chaolais hängen, als Warnzeichen für etwaige Jakobitensympathisanten, die des Weges kommen mochten. Ein bis zwei Jahre lang bewachte eine bewaffnete Einheit von fünfzehn Soldaten den Galgen Tag und Nacht, bis man sie schließlich abzog.

1761 starb Duke Archibald of Argyll. Auf ihn folgte sein Vetter, General John Campbell of Mamore, ein humanerer Mann, der große Hochachtung vor seinen Landsleuten aus den *Highlands* hatte. Sich geschickt vortastend trat Iain Stewart of Ballachulish vor Duke John mit der Bitte um die Erlaubnis, den Galgen entfernen zu dürfen, den weiblichen Nachbarn, wie er ihn nannte (denn im Gälischen ist *croich,* das Wort für »Galgen«, weiblich); und dem, was von James noch übrig war, eine schickliche Beisetzung zu geben.

»Laß nichts an dem Galgen dran«, erwiderte der Duke freundschaftlich, »und schaff ihn weg. Daß er je dort stand, geschah nicht mit meinem Einverständnis. Ich habe alles nur mögliche versucht, damit er dort nicht aufgestellt würde, doch jener, der damals Duke of Argyll war, tat wie ihm beliebte. Entferne also deinen Nachbarn unauffällig, und ich verspreche dir, daß ich kein Wort darüber verlieren werde. Ich empfinde diesen Fall als eine Schmach. Meiner Ansicht nach hätte er sich überhaupt nicht zutragen dürfen.«

Heute bezeichnet ein Denkmal aus Granit die Stelle, an der der Galgen einst stand, allen und jedem die Unschuld von Seumas a'Ghlinne kundtuend, der nahebei in der verfallenen Kirche von Keil begraben liegt.

Viele Jahre später entdeckte ein Dienstmädchen namens Janet, als sie in dem Tal hinter Ballachulish House Vieh hütete, versteckt in einem hohlen Baum ein verrostetes Gewehr. Sie brachte es Stewart of Ballachulish, der inzwischen ein alter Mann war. *»Se sin gunna dubh a'mhi-fhortain, a Sheonaid«,* sagte er. »Dies, Janet, ist das schwarze Gewehr des Unglücks.«

Abschließend möchte ich noch berichten, daß mir mein Freund Sir Dugald Stewart of Appin erzählt hat, daß der Name des Mannes, der Colin Campbell of Glenure erschoß, seit damals in seiner Familie geheimgehalten und vom Vater dem Sohn mitgeteilt würde. Ich drang nicht weiter in ihn, möchte es vielmehr meinen Lesern überlassen, ihre eigenen Schlüsse zu ziehen.

# Quiproquo

Am Ende von Loch Fyne, mit ein bis zwei Meilen unruhig bewegten Wassers zwischen sich, standen vor einigen Jahrhunderten zwei berühmte Schlösser schräg sich gegenüber: am Ostufer mit wuchtigen Mauern und drei großen Türmen (jetzt ersetzt durch ein kaum weniger wuchtiges, modernes Bauwerk) die Festung Ardkinglas der Campbells; und auf einem kleinen Landvorsprung am Westufer Dundaramn oder Dunderave, die kleinere, doch nicht weniger starke Festung von MacNeachain an Duin, MacNaughtan of the Mound, Häuptling des Clan MacNaughtan. Sie steht heute noch dort und wurde sehr geschickt in ihrem ursprünglichen Zustand wiederhergestellt.

Die Geschichte, von der ich berichte, ereignete sich im achtzehnten Jahrhundert. Sir James Campbell, Herr auf Ardkinglas, war mit einem Sohn und nicht weniger als acht Töchtern gesegnet, die alle, laut Bericht des Seanachies, recht ansehnlich waren. Ihre Haut glich frischgefallenem Schnee, sie besaßen die Grazie des Schwans, und sie waren unbefangen wie das Reh in den Bergen. Jedoch schienen sie nicht alle von gleicher Schönheit gewesen zu sein oder gar ähnlich in ihren Charaktereigenschaften. Von den acht Töchtern liebten nun die beiden ältesten ihren Nachbarn von jenseits des Loch, John MacNaughtan of the Mound. Doch John gab Margaret, der jüngeren der beiden Schwestern den Vorzug, und nicht Jane, der älteren, die weniger schön war. Margaret war es, die er liebte, und Margaret beabsichtigte er zu heiraten. Das wundert wenig, denn mit den Worten des Seanachie war »die junge Dame ungewöhnlich schön und überaus lieblich. So einzigartig betörend war das Weiß ihrer Haut, war die Grazie ihrer Gestalt, daß kein Auge auf sie blickte, ohne nochmals auf sie blicken zu wollen«. Und MacNaughtan hatte es sich in den Kopf gesetzt, tagein und tagaus für den Rest seines Lebens auf sie zu blicken.

Zu jener Zeit hielt man es für unheilvoll, wenn die älteste Tochter einer Familie nicht als erste heiratete. Deshalb scheute man keine Mühen, um John von seinem Vorhaben abzubringen. Warum könne er nicht verständig sein und Jane heiraten! Wenn sie auch nicht ganz so schön sei wie Margaret, so habe sie doch, wie man ihm versicherte, ein viel netteres Wesen. Doch Johns Wille blieb fest, und schließlich gab Campbell of Ardkinglas widerstrebend seine Einwilligung zur Hochzeit zwischen Margaret und John. Doch kaum hatte er murrend zugestimmt, als er schon heimlich nach Mitteln für einen Ausweg

sann. Dennoch wurde nach gebührlicher Zeit die Trauung feierlich vollzogen, und auf Ardkinglas floß üppig der Wein, und das Fest dauerte bis tief in die Nacht.

Am darauffolgenden Tag erinnerten sich die meisten Festgenossen nur verschwommen an die Ereignisse der vorhergegangenen Nacht. Mit Mühe konnten sie sich die eigentliche Hochzeitsfeierlichkeit ins

Gedächtnis zurückrufen und wie die tiefverschleierte Braut von ihrem Vater durch den Mittelgang der Kirche geführt worden war. Sie konnten sich auch an den Beginn der Schmauserei erinnern und daß Ardkinglas und seine Blutsverwandten den Bräutigam von Anfang an erbarmungslos zum Trinken aufgefordert hatten. Doch über alles Folgende ließ ihr Gedächtnis sie völlig im Stich. Außerdem sorgten sich die meisten jetzt auch viel mehr um das heikle Befinden ihres Leibes.

Als John MacNaughtan am folgenden Morgen in seinem großen Schlafgemach auf Dunderave erwachte, ließ auch sein körperlicher Zustand sehr zu wünschen übrig. Noch im Bett liegend versuchte er, sich auf die Ereignisse des Vortages zu besinnen. Er hatte geheiratet. So viel war sicher. Und zwar Margaret. Er erinnerte sich deutlich an den Widerstand ihres Vaters und daß er ihn überwunden hatte. Er erinnerte sich, wie sie feierlich am kräftigen Arm des alten Ardkinglas durch die Kirche geschritten war. Und an den dichten Schleier, den sie getragen hatte. Vermutlich waren er und sie dann am Ende des Festes gemeinsam über das Loch nach Dunderave befördert worden. Doch wie konnte es dann sein, fragte er sich nach einem Blick auf die Seite, daß der Kopf neben ihm auf dem Kissen und der Körper neben ihm in dem großen Himmelbett nicht zu Margaret gehörten, sondern zu ihrer älteren Schwester Jane?

Dieses Problem hätte sich ihm in seiner augenblicklichen Verfassung mit dem unerträglichen Hämmern im Kopf besser nicht stellen dürfen. Doch es war ein Problem, dem er keinesfalls aus dem Weg gehen konnte und dem er außerdem lieber früher statt später zu Leibe rückte. Vor allem im Hinblick auf die Ereignisse, die stattfanden, nachdem er und seine Braut – wenn es seine Braut war – vor einigen Stunden ihr Brautgemach betreten hatten. Angenommen – und er mußte es annehmen – sie war Jungfrau gewesen, als er sie heiratete, wenn er sie tatsächlich geheiratet hatte, so war sie das jetzt gewiß nicht mehr. Und Jungfräulichkeit war in jenen fernen Tagen ein wertvoller Besitz, mit dem man nicht leichtfertig umgehen durfte, ganz besonders nicht mit der Jungfräulichkeit einer Tochter des so nahen und mächtigen Nachbarn Campbell of Ardkinglas, der auch noch ein begünstigter Gefolgsmann von MacNaughtans noch näherem und weit gewaltigerem Nachbarn MacCailein Mor, Häuptling des mächtigen Clan Campbell war.

Dumpf stellte er sich die Frage, wie dieses Versehen hatte geschehen können, wenn es tatsächlich ein Versehen war, was er allmählich bezweifelte. War es denn wirklich Margaret gewesen, die dicht verschleiert von ihrem Vater zum Altar geführt worden war? Oder Jane? Es stellte sich auch die nicht weniger erhebliche Frage, ob er nun mit Jane oder Margaret das Bett geteilt und, wie ihm schien, mit aller ihm zur Verfügung stehenden Macht geliebt hatte. Gewiß doch hätte er den Unterschied gemerkt. Wiederum hatten die Zyniker und die derber veranlagten unter seinen Freunden immer wieder gemeint, im Dunkeln wäre im Bett eine Frau so ziemlich wie die andere, besonders wenn man genügend gebechert hätte.

Recht zu seiner Bestürzung wurde jetzt die zweite Frage rasch beantwortet. Jane, die bemerkte, daß er sich unruhig regte, schlang die Arme um ihn. »Mein Geliebter«, flüsterte sie schmachtend und mit einer solchen Hingabe, daß ihm kaum Zweifel blieben, was sich zwischen ihnen zugetragen hatte. Ihm wurde klar, daß durch den Schutz des dichten Schleiers das Quiproquo sehr wohl auch schon vor der Trauungszeremonie hätte geschehen können, doch ob zu diesem Zeitpunkt oder später in der Nacht machte keinen großen Unterschied. Für seine eigenen Diener und Dienerinnen, die jetzt vor der Tür warteten, um das Brautpaar zu begrüßen, für die Mitglieder seines Clan, für die Dörfler des nahen Inveraray, für seine Nachbarn auf beiden Seiten des stürmischen Loch Fyne, einschließlich – mit Schaudern führte er sich das vor Augen – seines neu erworbenen Schwiegervaters und jenes ehrenwerten, mächtigen und berühmten Häuptlings weiter die Straße entlang, würde die Braut, die er, ging es ihm erst besser, aus dem Brautgemach führen würde, sein Weib sein, in guten wie in schlechten Zeiten, bis daß der Tod sie scheide. Wenn er dann erklären würde, daß er das Opfer eines Betruges sei, daß der Geistliche, der sie getraut habe wahrscheinlich am Komplott beteiligt gewesen sei, daß man ihm unter Vorspiegelung falscher Tatsachen das falsche Mädchen angetraut habe, würde dies nicht nur wenig nützen, sondern ihn für den Rest seines Lebens zu einem bespöttelten Dummkopf machen, was er zu seiner Verbitterung aller Wahrscheinlichkeit nach schon war.

Seine friedfertige Natur und sein gesunder Menschenverstand, wofür John MacNaughtan of the Mound zu Recht gerühmt wurde, bewirkten, daß er sich jetzt im Bett auf die Seite drehte und Janes

Umarmung so freundlich wie möglich erwiderte und später am Morgen mit ihr am Arm unter dem Applaus der versammelten Menschenmenge aus dem großen Eingangstor der Burg trat. Er hielt es so für am schicklichsten, und wie die meisten Menschen rühmte er sich zu wissen, was sich schicke. Außerdem blieb ihm ja auch keine andere Wahl. So jedenfalls schien es zum damaligen Zeitpunkt . . .

Ein bis zwei Jahre lang nahm alles seinen guten Lauf. John MacNaughtan erfüllte weiterhin seine Aufgaben als Häuptling, und die junge Herrin auf Dunderave machte sich rasch mit jenen einer Häuptlingsfrau vertraut und führte sie eifrig und geschickt aus. »Wenn sein Weib auch keine Schönheit war«, berichtet der Seanachie, »noch von allzu stattlicher Gestalt, so besaß sie doch eine edle Denkungsart, Herzensgüte und Geschick der Hände, so daß sie aller Zuneigung gewann. Die beiden lebten in ihrer Umgebung glücklich miteinander.«

Und ihre Umgebung ließ auch nichts zu wünschen übrig. Dunderave war und ist auch jetzt noch eines der schönsten Flecken im westlichen Hochland. Von keinem Ort konnte mit mehr Recht gesagt werden, »diese Burg hat eine wunderschöne Lage«. Die Freunde des jungen Paares, und es hatte viele, waren immer entzückt, dorthin eingeladen zu werden. »Es gab auf Dunderave viele Vergnügungen«, berichtet der Seanachie. »Stets waren viele Freunde da, und die unterschiedlichsten Unterhaltungen wurden geboten. Mann gegen Mann wetteiferte um Körperkraft, Handfertigkeit und Gelenkigkeit, und von alt und jung wurden Balladen, Lieder und Geschichten vorgetragen. Während des Tages jagten unerschrockene Männer in den Bergen den stattlichen Hirsch und im Niederwald des Tales die springende Hindin, und des Nachts sangen, begleitet von der Weise der Harfen, schöne Frauen ihre Lieder von der Liebe, und in ihren Träumen jagten flinke Hunde noch einmal das Reh.«

Unter ihren regelmäßigen Gästen befand sich natürlich auch Janes jüngere Schwester Margaret, die jetzt auf verwirrende Weise noch lieblicher war als zuvor. Wenn sie auch nie darüber sprach, wie bitter sie es empfand, daß man sie vom Arm ihres Verlobten weggerissen hatte, so verlieh doch ihr heimlicher Kummer ihrer Schönheit eine Vergeistigung, die sie zuvor nicht besessen hatte. Und John hielt es selbstverständlich für schicklich, seiner Schwägerin mit Artigkeit zu

begegnen. Während seine Gäste den stattlichen Hirsch in den Bergen oder die springende Hindin im Niederwald des Tales verfolgten, während die schönen Frauen vor einer erlesenen und empfänglichen Zuhörerschaft ihre Liebeslieder sangen, während Jane nach Art einer guten Hausfrau in der Burg ihren Pflichten nachging, waren John und die reizende Margaret niemals weit voneinander entfernt. Für sie wurde der Niederwald im Tal, nachdem die Jäger ihre Jagd beendet hatten, zum bevorzugten Treffpunkt – ja schon bald zum Ort ihrer Stelldicheins, denn jetzt, da sie das Schicksal mit ein wenig beiderseitigem Nachhelfen wieder zusammengeführt hatte, spürten sie sehr rasch, daß der alte gegenseitige Zauber von neuem wirkte.

Wiederholt wird uns berichtet, daß Margarets Wesen nicht annähernd so liebenswert war wie das ihrer Schwester. Ihre kürzliche Erfahrung hatte nicht dazu beigetragen, es sanftmütiger oder edler werden zu lassen; ganz im Gegenteil, es hatte sich verhärtet, hatte scharfe Kanten bekommen. Ohne Scham schmiedete sie das Eisen, solange es heiß war. Die nahe Verwandtschaft half, und – mit den Worten des Seanachies – »zwischen ihnen wuchs eine verbotene Liebe«.

Doch wie verboten war sie eigentlich? Wir haben erfahren, daß

John sich rühmte, immer das Rechte zu tun, das, was sich schicke. In seiner augenblicklichen prekären Lage stellte er sich nun auch die Frage, was denn das Rechte sei. Natürlich war er mit Jane verheiratet, doch nicht auf seinen Wunsch. Waren er und Margaret nicht Opfer eines höchst unfreundlichen Komplotts, bei dem auch Jane mitgespielt hatte? Keiner von ihnen beiden, so meinte er, stand der Gesellschaft gegenüber in irgendeiner Schuld. Gewiß, Jane war von sehr edler Gesinnung, die sie manchmal, nach seinem Dafürhalten, allzu sehr herauskehrte. Sie war auf ihre Weise ein netter Kerl, doch konnte er nicht die Erinnerung loswerden, daß sie sich nur allzu bereit der heimtückischen List ihres Vaters zur Verfügung gestellt hatte. Margaret hingegen erweckte in ihm völlig andere Gefühle, ein Verlangen, dem er nicht widerstehen wollte, jetzt, wo es befriedigt werden konnte. Er war mehr denn je davon überzeugt, daß er und sie füreinander geschaffen waren.

Und so kam es, daß Jane und die anderen Bewohner von Dunderave an einem schönen Montagmorgen erwachten und feststellen mußten, daß ihr Häuptling nicht mehr bei ihnen war. »Er und Margaret«, so berichtet der Seanachie, »waren gemeinsam geflohen, um nie wieder zu dem geliebten Dunderave von den Scharlachroten Bannern am schönen Ufer von Loch Fyne zurückzukehren«. Was aus ihnen geworden ist, erzählt der Seanachie nicht, doch gibt es einen Bericht aus einer zweiten, nicht weniger verläßlichen Quelle, daß die Liebenden an Bord ihrer *birlinn* gingen und auf Loch Fyne südwärts und über das Meer nach Nordirland segelten. Dort errichteten sie ihr Heim, das sie Dunderave nach dem fernen Dunderave von den Scharlachroten Bannern nannten und wo sie glücklich bis ans Ende ihrer Tage lebten und sich offen und ungestört ihrer schuldigen (oder nicht so schuldigen) Leidenschaft hingeben konnten.*

Jane war weniger glücklich. »Das im Stich gelassene Weib«, fährt der Seanachie fort, »war tief getroffen. Ihr goldenes Haar wurde aschgrau, ihre funkelnden Augen und ihre jugendliche Gestalt überfiel trübseliges Alter.« Ihren Kummer suchte sie durch selbstkomponierte Lieder zu lindern. Sie hatten einen ausgeprägten Beigeschmack von Rachsucht.

* Die MacNaughtans von Dunderave in der Grafschaft Antrim, Nordirland, scheinen in Wirklichkeit beträchtlich früher dorthin gezogen zu sein.

»O Frau, die du mir meinen Gemahl nahmst«,
sang sie,
»Mögen scharfe Dornen unter deinen Fußsohlen liegen,
und möge sich die Erde unter dir öffnen.
Möge dein Dach undicht sein und immer kaltes Wasser auf deine Bettstatt tropfen!«*

John hatte aber Jane etwas zurückgelassen, was an ihn erinnerte. Nicht lange nach seinem Weggehen merkte sie, daß sie schwanger war, und als ihre Zeit gekommen war, gebar sie einen hübschen Jungen. Von Anfang an nahm der alte Ardkinglas großes Interesse an seinem Enkel, und als der Junge groß genug war, nahm er ihn häufig in einem Boot mit hinaus zum Fischen. Eines Abends aber kam der alte Ardkinglas allein zur Festung zurück. Der junge MacNaughtan, sagte er mit allen Anzeichen großen Schmerzes, wäre unglücklicherweise über Bord gefallen und ertrunken. Nicht lange danach nahm er Dunderave und alles Land der MacNaughtans in seinen Besitz, da sie, so rechtfertigte er sich, das Eigentum eines flüchtigen Ehebrechers seien mit niemandem als Erben. Und so ging

* Lord Archibald Campbell berichtet, daß er dieses Lied einst »zu einer seltsamen alten Melodie« habe singen hören. Ein anderer Gewährsmann erklärt, daß »es ein beliebtes Lied der Milchmädchen beim Melken gewesen sei. Es schien als Zaubermittel auf die Kuh zu wirken, die dann die Milch bereitwillig an die Melkerin abgab«.

das schöne Dunderave von den Scharlachroten Bannern in die Hände der Campbells über und wurde den Besitzungen von Ardkinglas einverleibt. »Und bis auf den heutigen Tag«, berichtet der Seanachie, »können die Leute von Cairndow die Stelle anzeigen, wo der Junge ins Wasser fiel.« Nicht lange nach all diesen Ereignissen erinnerte sich das Volk, daß bei Margarets Geburt ein alter Seher der Campbells fröhlich geweissagt habe, daß dieses unschuldige Kind in seinem Leben schlimmeres Unheil über den Clan MacNaughtan bringen würde als tausend bewaffnete Feinde.

# In einem Sieb

In dem Dorf Slapin am Loch Slapin auf der Insel Skye lebten ein Fischer und ein Schneider, und sie waren gute Nachbarn. Doch von ihren Frauen wußte man sehr wohl, daß sie Hexen waren.

Eines Tages, berichtet der Seanachie, kam Donald, der Fischer, der den ganzen Tag über draußen beim Fischen gewesen war, abends sehr, sehr müde nach Hause und legte sich auf die Bank und schlief ein. Und während er schlief, kam die Frau des Schneiders zu ihrer Nachbarin auf Besuch, und die beiden begannen sich zu bereden. Und sie beredeten, wo sie an diesem Abend fischen gehen würden. Nach einer Weile erwachte Donald, und ohne die Augen zu öffnen, lauschte er dem Gespräch der beiden Frauen. Als er vernahm, daß sie fischen gehen wollten, belustigte ihn dies, und er war neugierig, wie sie es anstellen würden. Und er hörte seine Frau die Frau des Schneiders fragen: »Was nehmen wir dazu?« Und die Frau des Schneiders antwortete: »Wir nehmen uns das Sieb.« Und sie gingen und holten ein Sieb.

Als die beiden alles bereit hatten und gerade aufbrechen wollten, setzte sich Donald, der sich die ganze Zeit über auf der Bank schlafend gestellt hatte, auf und rekelte sich, damit sie sehen konnten, daß er jetzt erwacht war und fragte sie, wohin sie gingen. Und sie sagten ihm, daß sie zum Fischen gingen und fügten hinzu: »Du legst dich besser wieder hin und schläfst, bis wir zurückkehren.«

»Ach«, sagte Donald, der neugierig war, wie sie wohl in einem Sieb fischen gehen wollten und schon glaubte, sie würden sein neues Boot so nennen, »ich komme lieber mit euch mit.« Sie lehnten indes mit aller Entschiedenheit ab, ihn beim Fischen dabei zu haben. Doch bis zum Wasser begleitete er sie. Bevor sie aussetzten, mußte er ihnen versprechen, solange sie draußen beim Fischen wären, unter keinerlei Umständen ein Wort zu sagen und vor allen Dingen nicht den Namen Gottes zu erwähnen. Und Donald versprach dies. »Ich werde alles tun, was ihr verlangt«, sagte Donald voller Spannung. Und die beiden Frauen nahmen das Sieb. »Wirst du uns auch sagen, wenn wir ausreichend Heringe am Ufer haben?« fragten sie. Und Donald sagte: »Ja, das werde ich machen.«

Als sie sich in das Sieb einschifften, berichtet der Seanachie, verwandelten sie sich in zwei Ratten. Und sie bewegten sich sanft vom Ufer weg und hielten sich von ihm in kurzer Entfernung. Da tauchte ein Heringsschwarm auf.

»Hast du genügend Fische erhalten?« riefen sie.

»Noch nicht«, sagte Donald, denn so viel, scheint es, durfte er sagen.

Und sie bewegten sich weiter aufs Meer hinaus. »Ist das jetzt genug, Donald?« riefen sie. Und wiederum sagte Donald: »Noch nicht.« Und sie bewegten sich noch weiter aufs Meer hinaus und mehr Heringe kamen ans Ufer.

»Ist das jetzt genug, Donald?« riefen sie. Und noch einmal sagte Donald: »Noch nicht.« Also bewegten sie sich immer noch weiter hinaus. Jetzt kam ein riesiger Fischschwarm, und der Strand wurde von ihm bedeckt. Und von weit draußen vom Meer tönte wiederum die Frage: »Ist das jetzt genug, Donald?«

Und Donald, berichtet der Seanachie, erwiderte: »Ja, Gott sei Dank!« Und die Hexen versanken und wurden nie wieder gesehen.

# Ticonderoga

Selbst ihre Feinde (und derer haben sie sich im Lauf der Zeit eine ziemlich große Reihe geschaffen) würden zugeben, daß um die Mitte des achtzehnten Jahrhunderts der Clan Campbell die völlige Vorherrschaft im westlichen Hochland erreicht hatte. Von seiner Hauptstadt Inveraray aus waltete ihr Häuptling MacCailein Mor, der von Beginn an treuer Anhänger des Hauses Hannover und jetzt Duke of Argyll und Greenwich war, mit mehr wahrer Macht, als so mancher regierender Fürst. Alle nur möglichen Gegner, wie zum Beispiel die Macleans, die ein Jahrhundert zuvor Inveraray geplündert und niedergebrannt hatten, waren entweder getötet, im Exil oder hielten sich versteckt.

Um Inveraray herum gehörte alles Land den Campbells. Hoch über dem Wasser des nahen Loch Awe türmte sich drohend das dunkle Massiv des Ben Cruachan, und *Cruachan!* war die Parole der Campbells. Auf einer Insel im Loch Awe stand Innischonaill, die erste Festung der Campbells, und auf dem engen Pass of Brander, durch den der Fluß Awe aus Loch Awe fließt, hatten 1309 die Campbells ihre Rivalen, die MacDougalls, in einer Schlacht besiegt, die den Beginn ihres Aufstiegs zur Macht bestimmte. Hier, etwas erhöht und mit dem Blick auf den Fluß, stand das Haus von Campbell of Inverawe, einem Häuptling der Campbells mit uraltem Stammbaum, der wie sein Nachbar, der Duke, seine Abstammung auf Colin of Lochawe, dem Begründer und Namensgeber des Clan, zurückführen konnte und dies auch mit Vorliebe tat.

Während einer stürmischen Nacht des Jahres 1748 saß der damals amtierende Gutsherr Captain Duncan Campbell of Inverawe, ein brünetter, kräftig gebauter Mann von fünfundvierzig Jahren, der eine Offiziersstelle in der erst kürzlich aufgestellten Black Watch, dem Royal Highland Regiment, innehatte, allein an seinem Schreibtisch in der großen Halle seines Hauses und versuchte etwas Ordnung in seine Geschäftspapiere zu bringen, die es, wie die meisten derartigen Unterlagen im westlichen Hochland, bitter nötig hatten. Einige Stücke Torf glimmten in der offenen Feuerstelle; der Wind heulte im Kamin und sandte gelegentlich Stöße wogenden Qualms in den Raum; draußen regnete es ohne Unterlaß. Plötzlich, gerade als die Beträge, mit denen er beschäftigt war, sich auszugleichen schienen, ertönte am großen Tor des Hauses ein wildes Hämmern.

Es herrschten unruhige Zeiten. Kaum zwei Jahre nach der Jakobitischen Erhebung im Jahre 1745 – Inverawe nannte es Rebellion – steckte das Hochland noch voller Desperados: marodierende Banden, Deserteure aus beiden Armen, Rechtsflüchtige, Schmuggler, englische Spione und jakobitische Agenten. Entsprechend bedachtsam stand Inverawe von seinem Schreibtisch auf, durchquerte die Halle, schob die Riegel zurück und blickte hinaus. Auf der Schwelle stand ein heruntergekommener Fremder, bis auf die Haut durchnäßt, die Kleidung zerrissen und blutbefleckt. Sein Atem ging in kurzen Stößen. »Ich habe einen Mann getötet«, keuchte er. »Meine Verfolger sind mir dicht auf den Fersen. Gewähr mit Zuflucht.«

Dem Hochländer bedeutet Gastfreundschaft gegenüber dem Wanderer in Not eine heilige Pflicht, und es konnte keinen Zweifel geben, daß sich dieser Wanderer in Not befand. Inverawe zog das Tor ganz auf. »Tritt ein«, sagte er, »ich werde dir Zuflucht gewähren.«

»Schwör es auf deinen Dolch«, sagte der Fremde gleich darauf. Und Inverawe schwur den heiligen Eid auf seinen Dolch und, wie es die Tradition verlangte, schwur er bei Cruachan, dem großen Berg, in dessen Schatten er lebte. Nachdem er den Fremden mit Essen und Trinken versorgt hatte, führte er ihn durch das schweigsame Haus zu einem geheimen Versteck, wo er vor neugierigen Augen sicher sein würde.

Kaum war er zurückgekehrt, als neuerlich ans Tor gehämmert wurde. Wiederum zog Inverawe die Riegel zurück und öffnete. Dieses Mal stand draußen eine Gruppe bewaffneter Männer. »Inverawe! Inverawe!«, riefen sie, das Toben des Sturms übertönend. »Dein Vetter Donald Campbell ist ermordet worden. Wir suchen den Mann, der ihn tötete. Ist jemand hier des Wegs gekommen?«

Duncan Campbell blieb nur eine Handlungsweise übrig. Er hatte geschworen, dem Fremden Zuflucht zu gewähren, und dazu mußte er stehen. »Ich habe niemanden gesehen«, sagte er. Die Männer machten daraufhin auf der Auffahrtsallee wieder kehrt.

Tief verstört schloß Duncan Campbell das Tor, schob die Riegel vor und setzte sich wieder an seinen Schreibtisch. Er hoffte, daß die öde Aufgabe, Zahlenkolonnen zu addieren, die nie zum richtigen Ergebnis kommen wollten, helfen würde, seine Gedanken von dem unerträglichen Dilemma, in dem er sich befand, abzulenken. Während er erbarmungslos durch seinen Eid gebunden war, dem Fremden Asyl zu gewähren, so zwangen ihn die ebenso heiligen Gesetze der Blutsbande nicht weniger gnadenlos, für den Mord an seinem Vetter Rache zu üben. Daß Donald, ein ewiger Nörgler, nicht sein Lieblingsvetter gewesen war, tat nichts zur Sache. Blut, und ganz besonders Blut des westlichen Hochlands, war dicker als Wasser. Und vergossenes Blut rief nach Rache.

Er hatte mit der Berechnung seiner Ein- und Ausgaben nur geringe Fortschritte gemacht, als ihm diese unentrinnbare Pflicht der Racheübung auf beklemmende Weise vor Augen geführt wurde. Die Seite mit den Zahlenreihen, auf die er seine Gedanken zu konzentrieren suchte, wurde von einem einzigen flackernden Licht beleuchtet, das den Rest des Raumes im Halbdunkel ließ. Auf einmal gewahrte er einen Schatten, der auf das Blatt fiel. Voller Unbehagen blickte er auf. Zu seiner Seite stand eine große Gestalt, schauerlich blaß und von frischem Blut triefend. Voller Entsetzen erkannte Duncan die vertrauten Gesichtszüge seines Vetters Donald. »Inverawe! Inverawe!« jammerte die Erscheinung im wehleidigen Ton der Hochländer des Westens. »Blut wurde vergossen. Gewähre dem Mörder keinen Schutz.« Darauf verschwand die Erscheinung.

Wenn Duncan Campbell sich auch später in sein mit Eiche vertäfeltes Schlafgemach begab und sich auf sein großes Bett aus Eiche legte, so machte er in jener Nacht kaum ein Auge zu. Ob er wollte oder nicht, diese Mahnung aus einer anderen Welt konnte ihn nicht ungerührt lassen. Noch vor Tageslicht suchte er seinen unerwünschten Gast auf und sagte ihm, daß er dem Mörder seines Vetters keine Zuflucht gewähren könne. »Du hast es auf deinen Dolch geschworen«, erwiderte der andere düster. Und Inverawe war es unbehaglich zumute. Er konnte einen unbewaffneten Mann, dem er unter Eid

Schutz zugesagt hatte, nicht einfach töten, noch ihn seinen Verfolgern überantworten. Schließlich kam ihm der Gedanke, daß es auf halber Höhe des Bergs Cruachan eine Art Höhle gab, deren Lage nur er kannte. Er führte den Fremden in das kalte, graue Zwielicht des anbrechenden Tages, kletterte mit ihm hinauf zu der Höhle und ließ den Mann wortlos auf sich allein gestellt. Nach der Auffassung im westlichen Hochland war vielleicht der Ehre nicht ganz Genüge geleistet, doch er fragte sich, wie dies denn überhaupt geschehen sollte?

Den ganzen Tag über quälte ihn diese Frage ohne Unterlaß, und in der folgenden Nacht wurde es nur allzu deutlich, daß Donalds Geist noch nicht zur Ruhe gekommen war. Duncan hatte die Kerze ausgeblasen und war gerade eingeschlafen, als er mit einem Ruck erwachte und das Zimmer von einem blassen Schein erleuchtet fand. Neben seinem Bett stand bleich und blutbefleckt und mit vorwurfsvollem Blick sein Vetter Donald. »Inverawe! Inverawe!« klagte die Erscheinung (und dieses Mal war der Tonfall eines *Highlanders* noch ausgeprägter). »Blut wurde vergossen! Gewähre dem Mörder keinen Schutz!« Und wieder verschwand die Erscheinung.

An Schlaf war nicht mehr zu denken. Bereits bei Tagesanbruch befand sich Duncan ohne deutlichen Plan auf dem Weg zur Höhle. An seiner Seite hing sein Dolch und auch ein Pistolenpaar trug er bei sich, doch er hätte nicht sagen können zu welchem Zweck. Diese Frage jedoch stellte sich ihm erst gar nicht. Er fand die Höhle verlassen vor. Der Fremde war fort, war wieder in dasselbe Schattenreich getaucht, in dem die Ruhelosen leben – die einen Rache suchend, die anderen vor ihr fliehend. Auf seinem Weg den Berg hinunter beschwichtigte sich Duncan halbwegs mit der sehr menschlichen Überlegung, daß er jetzt nichts mehr ausrichten könne, so oder so.

Doch er hatte nicht mit Donald gerechnet. In der Nacht erwachte er und sah seinen Vetter wiederum neben sich stehen, immer noch bleich, immer noch blutend, wenn auch irgendwie ruhiger und weniger unnachsichtig, so als hätte er vielleicht in die Zukunft geblickt und war über das, was er gesehen hatte, zufrieden. »Lebe wohl, Inverawe«, sagte er mit trauriger Endgültigkeit. »Lebe wohl, bis wir uns bei Ticonderoga wieder treffen.«

Duncan sagte der Name Ticonderoga überhaupt nichts. Wenn er, wie es den Anschein hatte, eine Ortsbezeichnung war, so lag dieser Ort gewiß nicht in Schottland. Niemand, den er fragte, hatte je von einem solchen Ort vernommen, und im Lauf der Jahre wurde seine Erinnerung an dieses Erlebnis immer undeutlicher. Wenn ihn seine Pflichten beim Black Watch-Regiment nicht riefen, führte er das Leben eines gewöhnlichen Gutsherrn des westlichen Hochlands – stets in Sorgen um das Vieh, in Sorgen um Geld, in Sorgen um das Wetter und in Sorgen um die Leute. Nur im hintersten Winkel seines Kopfes war er sich noch eines exotischen Namens bewußt, den er Jahre zuvor unter kaum glaubhaften Umständen vernommen hatte.

Im Jahre 1756 kämpften in Nordamerika die Briten gegen die Franzosen, während in den *Highlands* so gut wie Friede herrschte. Im Sommer segelte deshalb das Black Watch-Regiment, das eigentlich zur Wahrung der Ordnung im eigenen Land aufgestellt worden war, nach New York. Dabei war auch Duncan Campbell, jetzt zum Major ernannt und zweiter Befehlshaber. Im Juni 1758, nachdem sie fast zwei Jahre mit Truppenübungen und Garnisonsdienst verbracht hatten, wurde das Regiment nach Norden gesandt, um an der bevorstehenden Offensive teilzunehmen, die Generalmajor Abercrombie gegen die Franzosen unter Marquis de Montcalm führen sollte. General Abercrombies erstes Ziel war die Einnahme des Forts Carillon, das in fester Hand der Franzosen und strategisch günstig auf der Landenge zwischen Lake Champlain und Lage George gelegen war. Nach einer schwierigen Landung und schwierigem Vormarsch gab der britische Kommandeur die Order, das Fort am 8. Juli anzugreifen.

In der Nacht vor der Schlacht hatten sich die Offiziere des Black Watch-Regiments in einer aufgegebenen Mühle zusammengefunden. Sie saßen und unterhielten sich über dieses und jenes mit der nervösen Hochstimmung von Männern, die nicht wissen, ob sie den folgenden Tag überleben werden. Nach einiger Zeit wandte sich ihr Gespräch dem Namen des Forts zu, das sie angreifen sollten. Carillon, so meinte einer, stamme von den melodischen Geräuschen, die das Wasser des Sees erzeugte. »Wenn wir es einnehmen, werden wir es Fort George nennen, nach Seiner Majestät«, sagte ein Offizier und ein anderer fragte, ob jemand wisse, wie die Indianer es nennen. »Ich weiß es«, krächzte der jüngste Fähnrich, glücklich, seine Kenntnis der Gegend vorweisen zu können. »Sie nennen es Ticonderoga.«

Duncan Campbell, der für sich allein etwas entfernt von den anderen saß, vernahm zufällig durch das allgemeine Gemurmel jenen halberinnerten Namen. Er war ein *West Highlander* und so wußte er, was dies bedeutete: er würde die morgige Schlacht nicht überleben.

Der achte Juli brach mit schönem Wetter an. Die Attacke begann um ein Uhr mittags. Sie verlief weniger gut als erwartet. General Abercrombie hatte anscheinend die Stärke der Verteidigungsanlage des Feindes und die Effektivität ihres Festungswerks mächtig unterschätzt. Die Angreifer wurden zurückgeworfen und erlitten schwere Verluste. Es war beabsichtigt gewesen, die *Highlanders* in Reserve zu halten, doch als die Verluste auf britischer Seite immer schwerer wurden, konnte man ihnen nicht länger Einhalt gebieten, und unter dem mörderischen Salvenfeuer der Franzosen schwärmten sie geradewegs die Feldschanzen hinauf, wild entschlossen, sich ins Fort durchzukämpfen. Mit der echten Hartnäckigkeit der Hochländer ließen sie davon lange nicht ab, auch nicht als General Abercrombie schließlich seinen Fehler erkannt und Befehl zum Rückzug gegeben hatte.

In diesem unseligen Einsatz erlitt das Black Watch-Regiment verheerende Verluste: acht Offiziere und mehr als dreihundert andere Dienstgrade waren getötet; siebzehn Offiziere und mehr als dreihundert andere Dienstgrade verwundet. Unter den weniger ernsthaft verwundeten befand sich Major Duncan Campbell of Inverawe, der von einem Schuß am Arm getroffen worden war, als er den Angriff unter verzweifelter Mißachtung seiner eigenen Sicherheit geführt hatte. Der Stabsarzt amputierte den verletzten Arm und sagte eine schnelle Genesung voraus.

Doch Inverawe wußte es besser. Sehr bald setzte Fieber ein, und am 16. Juli begann sich sein Zustand plötzlich zu verschlechtern. In jener Nacht beobachtete der bei ihm wachende Offizier, wie er sich aus seiner liegenden Stellung plötzlich kerzengerade aufsetzte. Mit starrem Blick sagte er: »Ich habe ihn wieder gesehen!« Dann fiel er zurück, mausetot.

Als viele Wochen später offizielle Nachricht über die Schlacht von Ticonderoga und über Duncan Campbells Tod in Inverawe eintraf, kam es für jene, die es betraf, nicht überraschend. Am späten Nachmittag des 8. Juli hatten zwei junge Damen, die beiden Fräulein Campbell of Ederline, am Ufer von Loch Awe einen Spaziergang unternommen. Als sie zufällig aufblickten, sahen sie in den Wolken über sich eine Schlacht vonstattengehen, sahen, wie das Black Watch-Regiment in seinen roten Waffenröcken und dunklen, grün-blau-schwarzen Kilts versuchte, Feldschanzen zu erstürmen und schließlich zurückgeschlagen wurde. Und wenige Tage später war Duncan Campbells Milchbruder nachts erwacht und sah Duncan als Erscheinung vor seinem Bett stehen – in voller Regimentsuniform, kreidebleich, und rotes Blut tropfte aus einer Wunde an seinem Arm.

# Stewart of Appin und Campbell of Strachur

Als im August 1745 in Appin, im grünen Appin bei Loch Linnhe, die Nachricht eintraf, daß Prinz Charles in Moidart gelandet sei, wurde diese Meldung von vielen mit gemischten Gefühlen aufgenommen. Zu Iain Glas, Grauer John Stewart, einem der unehelichen Söhne des Laird of Ardsheil, der in Glendochart lebte, kam *Domhnall Ban*, der Blonde MacIntyre, ein Jagdgehilfe im Dienst des Stewart of Invernahyle.

»Welche Neuigkeiten bringst du, Donald Ban?« fragte Iain Glas.

»Ich muß dir ein Geheimnis sagen«, erwiderte Donald.

Auf der Stelle erhob sich Iain Glas und führte Donald Ban in die Mitte eines großen Feldes nahe dem Haus. »Jetzt erzähl mir dein Geheimnis«, sagte Iain. »Niemand ist in unserer Nähe.«

»Der König ist in Moidart gelandet«, sagte Donald.

»Ist das ganz gewiß wahr?« fragte Iain.

»Darüber besteht kein Zweifel«, lautete die Antwort.

»Darauf«, berichtet der Seanachie, »ließ sich Iain Glas auf den Boden fallen und rollte sich hin und her über zwei Ackerzeilen. Er seufzte schwer und sagte: »Oh je, oh je! Ich lebe hier jetzt gut, und meine Geschäfte gedeihen, doch es wird nicht so bleiben. Ich habe gelobt, mich mit dem Prinzen zu erheben, doch wir werden ihm nie die Krone aufsetzen. Wir werden beides verlieren, unser Vermögen und unser Leben, doch das wird dem Prinzen nicht helfen!« Und uns wird berichtet, »Iain Glas machte sich bereit und zog mit den anderen Gentlemen von Appin, um zu versuchen, die Krone auf das Haupt des Prinzen zu setzen.«

Sobald die Nachricht von der Landung des Prinzen den alten Robert Stewart of Appin, Häuptling der Stewarts of Appin, erreichte, stellte er ein Regiment aus seinen Clanleuten auf, die wie ihr

Häuptling die jakobitische Sache unterstützten. Auch begannen die Lairds of Achnacone, Fasnacloich und Invernahyle, die als Standesherren des nämlichen Clan nach Offiziersstellen in der Armee des Prinzen trachteten, ihre Gefolgsleute auszurüsten und zu bewaffnen. Der alte Robert wollte seinen einzigen Sohn, Dugald, der zu jener Zeit an der Universität von Edinburgh studierte, zum Obersten der Männer aus Appin machen. Doch als Dugald, dessen Mutter auch noch eine Campbell war, dieses Ansinnen vorgetragen wurde, erwiderte er entschieden, daß er sein Erbe Appin lieber gemeinsam mit den lebenslustigen Frauen von Edinburgh verschleudern wolle, als es bei dem Bemühen aufs Spiel zu setzen, die Krone für den Prinzen zurückzugewinnen, was seiner Meinung nach ein vergebliches Unterfangen sei. Danach eilte er zurück nach Edinburgh.

In seiner Empörung über die Haltung des »Sohnes der Campbell Frau«, wie er ihn nannte, war Robert Stewarts erster Gedanke, ihn zu enterben und das Kommando über sein Regiment seinem Schwiegersohn, MacLachlan of Strathlachlan in Cowal, anzuvertrauen, dem Gemahl seiner Tochter aus einer anderen Ehe, um dessen Hingabe für die jakobitische Sache jeder wußte. Doch die Männer von Appin erhoben Protest und erklärten, daß sie niemand anderen als einen Stewart als ihren Obersten anerkennen würden; daß sie Robert töten würden, wenn er seinen Sohn enterbte; daß sie MacLachlan of Strathlachlan, wenn er auch nur in ihre Nähe käme, in Stücke reißen würden. Durch ihre unnachgiebige Haltung in die Enge getrieben, schlug Robert als nächsten seinen Blutsverwandten Charles Stewart of Ardsheil als Obersten vor, mit dem seine Clanleute nach langem Hin und Her einverstanden waren.

Jetzt mußte dieser Vorschlag noch Charles Stewart of Ardsheil unterbreitet werden. Ardsheil, ein großer, dicker und behäbiger Mann, zeigte anfänglich wenig Begeisterung für diesen Einfall. Schließlich konnte ihn aber seine lebhafte junge Frau Isobel dazu bewegen, dem Ruf zu folgen. »Wenn du, Charles, nicht bereit bist, Befehlshaber der Männer von Appin zu werden«, hatte ihm Lady Ardsheil gesagt, die zu dem Zeitpunkt hochschwanger war, »dann bleib daheim und kümmere dich um das Hauswesen, während ich selber gehe und ihr Befehlshaber werde.«

Nachdem Charles sich erst entschlossen und alle seine Angelegenheiten nach bestem Wissen geregelt hatte, hielt er sich tapfer, trotz seines großen Gewichts. Mit Ardsheil als ihrem Obersten und Stewart of Fasnacloich als ihrem Hauptmann kämpften die Männer aus Appin mutig für den Prinzen bei Prestonpans, Falkirk und schließlich bei Culloden, wo sie während der Schlacht an vorderster Front standen und wo nicht weniger als neun ihrer Fahnenträger, einer nach dem anderen, bei der Verteidigung der Fahne ihres betagten Häuptlings und seines abwesenden Sohnes getötet wurden.

Was von der Armee des Prinzen übrig blieb, sprengte auseinander und verschwand in den Bergen. Doch Charles of Ardsheil machte sich auf den Heimweg. Er ritt ein großes graues Pferd, das MacPhail hieß und, wie der Seanachie berichtet, das einzige Pferd im Land war, das genug Kraft besaß, um ihn zu tragen. In Ardsheil angelangt, versteckte er das Familiensilber und traf alle möglichen Vorkehrungen für seine Frau und seine Kinder. Nachdem er dann aber nur mit knapper Not marodierenden Rotröcken entkommen konnte, indem seine Frau ihn unter einer Decke versteckt hielt, und auf ihn ein Kopfgeld ausgesetzt wurde, flüchtete auch er in die Berge und hoffte, irgendwie von dort aus auf den europäischen Kontinent zu gelangen.

Für einen Mann von Ardsheils massiger Gestalt war das Dasein eines Flüchtlings nicht gerade leicht. Wegen seines Gewichts konnte er sich nur langsam fortbewegen. Die Höhlungen und Löcher, in denen er sich zu verstecken suchte, boten ihm zu wenig Raum, und nachdem er sich von seinem treuen Pferd MacPhail hatte trennen müssen, war er auf zwei getreue Clanmitglieder angewiesen, die ihn auf der einen Seite des Berges hinaufschoben und auf der anderen wieder hinunterließen. Am Ende, nachdem er viele Male gerade noch hatte entrinnen können und nach haarsträubenden Abenteuern, schaffte er es bis nach Peterhead, wo er sich als Weinhändler ausgab und mit viel Glück ein Schiff fand, das ihn nach Flandern mitnahm. Von Flandern aus, nach einem ennervierenden Zusammenstoß mit dort dienenden britischen Offizieren in einem Gasthaus, schaffte er es, die Grenze nach Frankreich zu überqueren – es heißt, als Frau verkleidet.

Lady Ardsheil – der Mann im Exil, die Ländereien konfisziert, sie selber summarisch aus ihrem Zuhause vertrieben – gelang es dennoch mit Hilfe getreuer Freunde, ihrem ältesten Sohn und ihren anderen Kindern »eine solche Erziehung angedeihen zu lassen, wie es sich für Kinder eines Laird of Ardsheil ziemte«, bevor sie sich zu ihrem Mann ins Exil nach Frankreich begab.

Duncan, der älteste überlebende Sohn Ardsheils, und eigentlich nach dessen Tod in Frankreich im Jahr 1757 sein Nachfolger als Häuptling von Ardsheil, begab sich nach Amerika, wo er als gebildeter Mann eine Anstellung als Stadtkämmerer und oberster Steuerbeamter von Boston erhielt. In Boston gewann er bald die Zuneigung und den Respekt seiner Mitbürger. Wenn er auch aus seinem Heimatland ausgewiesen und seines Erbes beraubt war, so hielt er doch den Titel Stewart of Ardsheil bei und war überall unter diesem Namen bekannt. Sehr bald heiratete er die Tochter des Gouverneurs und richtete sich darauf ein, den Rest seines Lebens in Amerika zu verbringen.

Einige Jahre später, 1773, ereignete sich die Boston Tea Party mit all ihren Folgen. 1783 schließlich kapitulierten die britischen Truppen und wurden abgezogen. Amerika hatte sich aus einer britischen Kolonie in ein unabhängiges Land verwandelt, das sich seiner Unabhängigkeit auch sehr bewußt war. Nicht lange danach begab es sich, daß zwei Schotten, beide aus Argyll, auf einer Amerikareise in

Boston eintrafen: General John Campbell of Strachur und Charles Campbell aus Inveraray, Sohn des Grafschaftsrichters.

General John Campbell, ein führendes Mitglied seines Clan und eine vornehme Gestalt, blickte auf eine lange und hervorragende militärische Karriere zurück. Als ein wahrer Campbell hatte er in seiner Jugend unter dem Duke of Cumberland bei Culloden gekämpft, später gegen die Franzosen und die Indianer im Black Watch-Regiment bei Ticonderoga. Vor noch nicht allzu langer Zeit hatte er eine führende Rolle in vielen der wichtigsten Gefechte während des Amerikanischen Unabhängigkeitskrieges gespielt und hatte schließlich mit dem Rest der britischen Streitmacht am Ende jenes unseligen Feldzugs das Land verlassen. Jetzt, nachdem er geheiratet und sich stilvoll in einem eleganten neuen Herrensitz am Loch Fyne eingerichtet hatte, suchte er mit seinem Freund aus Inveraray in aller Muße die Stätten einiger seiner Kriegstaten auf.

Das jedenfalls hatte er im Sinn. Doch zu seinem Unglück erkannte man John Campbell in Boston rasch wieder. Und die ehemaligen Kolonisten hatten nicht durchweg glückliche Erinnerungen an ihn. »Man wurde auf den General und auf Charles Campbell aufmerksam«, berichtet der Seanachie, »und forschte nach ihren Personen. Sie wurden vor Gericht gebracht, und man ermittelte, daß der eine

General und der andere Offizier in der britischen Armee war. Zu jener Zeit haßten die Amerikaner die Briten zutiefst, und der General und Charles Campbell wurden als Spione angeklagt, die verstohlen durchs Land reisten. Sie wurden für schuldig befunden und dazu verurteilt, entkleidet in Teer und danach in Federn getaucht und angezündet zu werden und zu verbrennen.«

Einige Tage später, während eilige Vorbereitungen für ihre baldige Exekution getroffen wurden, blickten General John Campbell und sein Gefährte recht verzweifelt aus dem schwer vergitterten Gefängnisfenster, als zufällig Duncan Stewart of Ardsheils Frau, Ann, unter ihnen auf der Straße vorbeiging. »Mistress Stewart«, hörten sie jemanden rufen und dann, als sie nicht reagierte, »Mistress Stewart of Ardsheil«, worauf sie sich sofort umwandte.

In der fremden und jetzt so plötzlich feindlichen Umgebung, in der sie sich befanden, besaß der Name Stewart of Ardsheil für sie etwas Vertrautes, war ihnen sogar willkommen. Wenn sie auch zwei verschiedenen Clans angehörten, zwischen denen in der Vergangenheit viel Bitteres geschehen war, und wenn sie auch 1745 bei Culloden gegeneinander gekämpft hatten, so hatten sich doch in Argyll John Campbell of Strachur und Duncan Stewarts Vater, Charles, als benachbarte Grundbesitzer gekannt.

In seiner momentanen mißlichen Lage war Campbell of Strachur bereit zu riskieren, daß man ihn schroff abwies. Er sandte aus seiner Zelle eine Botschaft an Ann Stewart, mit der Bitte um die Gunst eines Gesprächs, und ein oder zwei Tage später kam Ann, die eine freundliche Frau war, zu Besuch ins Gefängnis. »Ich hörte, wie sie auf der Straße mit Mrs Stewart of Ardsheil angeredet wurden«, sagte er, »und ich würde gerne wissen, wo das Ardsheil liegt, zu dem sie gehören.«

»Ich bin Amerikanerin«, teilte sie ihm mit, »ich habe mit jener Gegend nichts zu tun. Es ist das Land meines Mannes, wenn man ihm sein Erbrecht gelassen hätte. Der Besitz liegt irgendwo im Westen Schottlands. Ich bin nie dort gewesen. Mein Mann wurde gezwungen, sein Land zu verlassen und kam nach Amerika. Ich trage lediglich seinen Namen.«

»Ich wäre sehr dankbar, wenn ihr Mann noch mit mir spräche, bevor ich den Tod erleide«, erwiderte General Campbell. »Er ist mein Landsmann. Ich muß ihm etwas sagen.«

»Ich glaube nicht, daß mein Mann etwas für sie erreichen kann«, sagte Ann, »doch ich werde ihm von ihnen berichten.«

Als Duncan Stewart von seiner Frau über ihr Treffen mit den beiden Gefangenen erfuhr, begab er sich sofort zu ihnen ins Gefängnis. Als er in die Zelle eingelassen worden war, reichte er ihnen die Hand, da sie, wie er sagte, Schotten seien. Nachdem sie miteinander gesprochen hatten und er um ihre unangenehme Lage wußte, ging er sehr beunruhigt, doch auch tief bewegt nach Hause. »Die dort im Gefängnis sitzen, sind meine Landsleute«, sagte er zu seiner Frau. »Sie stammen aus derselben Grafschaft in Schottland, aus der auch ich stamme. Mein Herz bricht fast ihretwegen. Ich muß ihnen zur Flucht verhelfen, was immer danach mit mir geschieht. Wenn du deinem Vater die Schlüssel zum Gefängnis stiehlst, werde ich die Tür des Gefängnisses öffnen und sie herauslassen. Wir werden die Schlüssel an die Stelle zurücklegen, wo du sie hergeholt hattest, und niemand wird wissen, wie die Gefangenen entkamen. Wenn du dagegen die Schlüssel nicht für mich holen willst, werde ich das Gefängnis aufbrechen und mit den Gefangenen fliehen, und du wirst mich nie mehr wiedersehen. Wenn du jedoch deinem Vater die Schlüssel stiehlst, kann ich die Gefangenen ohne Aufsehen freilassen und bleibe bei dir.«

Duncans Frau war nicht gerade erbaut, daß sie ihrem Vater die Schlüssel stehlen sollte, der sie unter seinem Kopfkissen aufzubewahren pflegte. Dennoch, so berichtet der Seanachie, wollte sie es wagen. Daraufhin ging Duncan hinunter zum Hafen und suchte nach einem schnellen Schiff, unter dem Vorwand, daß er und seine Frau eine Reise nach Schottland planten und möglichst wenig Zeit auf See verbringen wollten.

Nachdem er das gewünschte gefunden hatte, zog er den Kapitän ins Vertrauen und vereinbarte mit ihm, sobald die Gefangenen an Bord wären, innerhalb kürzester Frist segelbereit zu sein. Dann lud er seinen Schwiegervater, Gouverneur Irvine, zum Abendessen ein und setzte ihm derartig mit harten Getränken zu, daß dieser schließlich »in fröhlicher Trunkenheit« zu Bett geleitet wurde. Jetzt mußten sein Schwiegersohn und seine Tochter handeln. Bevor er ins Bett getaumelt war, hatte der Gouverneur die Schlüssel zum Gefängnis tatsächlich unter seine Kopfkissen gesteckt, doch bald schon war er so tief im Schlaf, daß seine Tochter sie mit Geschick und Fingerfertigkeit, ohne ihn zu stören, hervorziehen konnte. Mit den Schlüsseln eilten Duncan und Ann zum Gefängnis, befreiten die Gefangenen, verschlossen wieder die Tür und schoben die Schlüssel unter das Kopfkissen des schlafenden Gouverneurs zurück. Danach brachte Duncan General John und seinen Freund eilends hinunter zum Hafen und kehrte erst wieder nach Hause zurück, nachdem er sie sicher an Bord wußte. Bei Tagesanbruch befanden sich die beiden Flüchtlinge schon weit draußen auf offener See.

Als am nächsten Tag die Gefangenen vermißt wurden, gab es in Boston großen Aufruhr, und der Verdacht fiel sehr bald auf Duncan. »Wenn entdeckt wird, daß du ihnen halfst zu entkommen«, sagte ihm sein Schwager, ein offener Bostoner, »dann wird man dich teeren und federn und anzünden und brennen lassen. Besser also du fliehst – verläßt so schnell wie möglich das Land.«

So gewarnt, ließ Duncan keine Zeit mit Vorbereitungen verstreichen. Er nahm zwei seiner Kinder und das Geld, das er gerade im Haus hatte, und ging heimlich an Bord des ersten Schiffes, das auslaufbereit war und segelte nach Britannien. Seine Frau sollte später folgen, wenn er in Schottland eine Bleibe gefunden hätte.

Als Duncan schließlich in der großen Stadt Glasgow eintraf, hatte er keine Vorstellung, was er anfangen oder wohin er sich wenden sollte. Mit seinen Kindern an der Hand wanderte er durch die Straßen. Und, wie es der Zufall wollte, kam er an dem Fenster eines Wirtshauses vorbei, in dem General John Campbell of Strachur, der erst jüngst zum Ehrenbürger der Stadt ernannt worden war, und Charles Campbell aus Inveraray saßen. Sie erblickten ihn und schickten ihm einen Bedienten nach, der ihn hereinbitten sollte. Duncan war mißtrauisch und zögerte, der Aufforderung zu folgen. Der Mann hingegen versicherte ihm, daß er von den Herren, die ihn hereinbäten, nichts zu befürchten habe, und als er eintrat, erkannte er sie auch sogleich. Die Wiedersehensfreude war auf beiden Seiten gleich groß, und lebhaft wurden Erinnerungen ausgetauscht.

Es war General John Campbells spontanes Anliegen, sich dem Mann, der ihm das Leben gerettet hatte, erkenntlich zu zeigen. In schottischen Belangen kannte sich der gewitzte General aus, also zögerten er und Charles Campbell jetzt keinen Augenblick, Duncan Stewart in einer Kutsche zu ihrem Häuptling, dem Duke of Argyll zu bringen. Sie trafen MacCailein Mor zu Hause in seinem großen Schloß zu Inveraray an und erzählten ihm von der bereitwillig geleisteten Hilfe Duncans. Der Duke, von überaus vornehmer Gesinnung, war entzückt. »Was kann ich für ihn tun?« fragte er.

»Du kannst zum König gehen und sein Land für ihn zurückerbitten«, erwiderte General John Campbell, der von allzu vielen Worten nichts hielt. Kurz darauf machten sich die vier in zwei Kutschen nach London auf den Weg. Dort erlangte der Duke rasch Audienz bei König Georg III., der seinem Statthalter in Schottland immer sehr bereitwillig seine Aufmerksamkeit schenkte. Ohne große Einwände war er damit einverstanden, Duncan sein Land Ardsheil zurückzugeben und nach abgelaufener Frist auch seinen Wohnsitz, der vorübergehend vermietet war. Duncan ließ umgehend Ann und seine anderen Kinder aus Boston kommen und faßte in Ardsheil wieder Fuß. »Und der Duke of Argyll«, berichtet der Seanachie, »war freundlich zu ihm.«

Auf das Hinscheiden des bejammernswerten Duncan Stewart of Appin, der keine männlichen Erben hinterließ und wegen seiner schweren Trunksucht Duncan of the Gills (von den Pints) hieß, wurde Duncan of Ardsheil *MacIain Stiubhart na h-Apuinn*, Häuptling der Stewarts of Appin, und zu diesem Amt von seinem neuen Freund, dem Duke, und seinen anderen Nachbarn, ob Whigs oder Jakobiten, herzlich beglückwünscht. Auch heute noch bekleidet sein Nachfahre die Häuptlingswürde von Appin und hat auch dort seinen ständigen Wohnsitz.

# Lebenswasser

Viele hundert Jahre lang gehörten die MacPhunns von Dripp, einer Ortschaft, die von Strachur aus am Ufer des Loch Fyne einen kurzen Weg ins Landesinnere liegt, zu den ältesten und angesehensten Familien in ganz Argyll. Als Maria Stuart auf ihrer Reise durch das Hochland im Jahre 1563 zufällig in Strachur an Land ging, nächtigte sie mit ihrem Gefolge lieber bei dem Baron of Dripp, als bei seinem nicht weniger vornehmen Nachbarn Campbell of Strachur, der zu jener Zeit irgendwelche Mißhelligkeiten mit dem schottischen Königshof hatte. Doch die Verhältnisse ändern sich, und etwa zwei Jahrhunderte später kam es, daß der damalige Grundherr von Dripp schlimme Zeiten mitmachte.

Es war schon immer im Hochland Brauch gewesen, daß kein ehrenswerter Mann einem Freunde die Schafe oder das Vieh stiehlt, besonders dann nicht, wenn dieser Freund in einer Stellung ist, die ihm hilft, sich sein Recht zu verschaffen. In weniger aufgeklärten Zeiten jedoch, hielt man den Diebstahl von Schafen oder anderen Haustieren, die einem Feind gehörten, fast schon für eine Ehrensache. Und wirklich haben sich viele Clans, ganz besonders die Macdonalds of Glencoe, mit fast nichts anderem beschäftigt. Was Wunder, daß MacPhunn, als seine wirtschaftliche Lage immer schwieriger wurde, ganz selbstverständlich auf den Gedanken verfiel, seine geschrumpften Reichtümer durch gelegentliche Überfälle auf die Gebiete der angrenzenden Landbesitzer, an die ihn nicht Bande des Blutes oder der Freundschaft knüpften, aufzufüllen. Zu diesem Zweck benutzte er ein altes, flaches Boot mit geringem Tiefgang, das er an jedem geeigneten Platz am Loch Fyne, Loch Long, Loch Goil oder Holy Loch auf Strand setzen konnte. Mit mehreren verläßlichen Freunden oder Dienern landete er für gewöhnlich im Schutz der

Dunkelheit in einer sorgfältig ausgewählten kleinen Bucht, trieb so viele Schafe wie nur möglich von den umgebenden Hügeln hinunter ans Ufer und an Bord seines Bootes und brachte sie auf einem weiten Umweg nach Hause. Er ließ sie eine Weile mit seiner eigenen Schafherde auf den Hügeln oberhalb von Dripp weiden, von wo sie oder ihre Sprößlinge zur rechten Zeit den Weg in die Schafversteigerungen der Umgegend fanden oder in andere Orte, wo Schafe und sonstiges Vieh gegen Bargeld den Besitzer wechselten. Auf diese Weise konnte er die Größe seines Schafbestandes ohne eigene Unkosten bewahren und für sich und seine Familie einen Lebensstil aufrechterhalten, den er für angemessen hielt, eine Angelegenheit von beachtlicher Bedeutung für einen vornehmen Hochländer aus altem Geschlecht.

Doch der Erfolg machte MacPhunn leichtsinnig. Er stahl zu viele Schafe von zu vielen Nachbarn. Die Schafe wurden zu schnell nach dem Diebstahl verkauft und in zu naher Umgebung. Eigentumszeichen wurden nicht immer gründlich genug entfernt. Und es kam der Tag, an dem das Verschwinden der Schafe nicht nur bemerkt, sondern die Spur bis nach Dripp verfolgt und die Räder des Gesetzes, wie es nun einmal war, in Gang gesetzt wurden.

Wenn auch von edler Geburt, so verfügte MacPhunn, wie wir gesehen haben, nicht über größere Eigentümer oder entsprechende Einkünfte. Um sich einen Freispruch von einem Verbrechen zu erwirken, das er zugegebenermaßen begangen hatte, war es erforderlich, Richter und Zeugen zu bestechen oder zumindest mächtige Freunde am richtigen Ort zu haben, wobei der richtige Ort Inveraray war, die erst jüngst wieder erbaute Festung der Herzöge von Argyll vom Clan Campbell. Obwohl die Gutsherren von Dripp sogar von einem Zweig der Campbells abstammten, hatten sie doch durch die Jahrhunderte ihre gesellschaftliche Stellung verloren und auch allmählich die Verbindung zu ihren vornehmen Verwandten auf der gegenüberliegenden Seite der Bucht. Und so geschah es, als es soweit war und die Leute des Sheriffs eintrafen, daß das Gesetz drastisch und ohne Erbarmen seinen Lauf nahm. MacPhunn wurde, trotz seiner edlen Abstammung, an Händen und Füßen gebunden, ins Boot gepackt, über das Loch befördert und wie jeder gewöhnliche Verbrecher ins Gefängnis geworfen. In jenen Tagen war die Strafe für Schafdiebstahl Tod durch den Strang. Das Beweismaterial, das gegen MacPhunn vor Gericht erbracht wurde, war erdrückend und unwiderleglich. Noch schlimmer war es, daß viele der Männer, deren Schafe er gestohlen hatte, über beachtlichen Einfluß verfügten, eine Tatsache, die bei den Geschworenen stark ins Gewicht fiel. Nach einer kurzen, wenig aufwendigen Verhandlung setzte der Richter seine schwarze Kappe auf und sprach über MacPhunn das Todesurteil. Nach einer Nacht in der Zelle wurde er herausgeholt und aufgeknüpft.

Die Hochländer haben immer großen Wert auf ein schickliches Leichenbegängnis gelegt. So wurde MacPhunn, nachdem er gehenkt worden war, vom Galgen abgeschnitten und eine Botschaft an seine Witwe nach Dripp gesandt, in der sie ersucht wurde, ihn abzuholen, damit sie ihm eine gebührende Beisetzung ausrichten könne, mit all dem Aufwand, der für einen Mann vom Range MacPhunns angemessen war. Also bestieg die Lady von Dripp, ein brünettes, gut aussehendes Mädchen in den Zwanzigern, im Witwengewand und mit ihrem neugeborenen Baby auf dem Arm MacPhunns altes flaches Boot und machte sich nach Inveraray über Loch Fyne zu ihrer traurigen Pflicht auf den Weg. Mit ihr kam einer der verläßlichsten Gefolgsleute ihres Mannes, der ebenso in feierliches Schwarz gekleidet und zutiefst dankbar war, daß während des Gerichtsverfahrens und bei den weiteren Vorgängen seine eigene Rolle bei den Diebeszügen seines Herrn keine unnötige Berühmtheit erlangt hatte. Nachdem sie in Inveraray eingetroffen waren, half er, MacPhunns Leichnam hinunter zu dem alten flachen Boot zu tragen, und nachdem er ihn mit geziemender Ehrerbietung im Heck aufgebahrt hatte, brachen sie auf zu einer langen Ruderfahrt heimwärts über Loch Fyne.

Als Lady MacPhunn neben dem Leichnam ihres Mannes im Heck saß und ihr Baby stillte, wanderten ihre Gedanken zurück durch die wenigen Jahre ihrer Ehe. Obwohl MacPhunn unverbesserlich leichtsinnig gewesen war und auf seine Weise ein kleiner Schuft, und obwohl das Geld nie gereicht hatte, so waren sie doch im Grunde glücklich gewesen. Sie hatten immer reichlich zu essen gehabt, wenn es auch meistens nur Hammelfleisch und Hafergrütze gewesen war. Das Dach, unter dem Maria Stuart in glücklicheren Zeiten genächtigt hatte, war fast wasserdicht. Und ein Brennkolben, sicher vor den Besuchen neugieriger Steuereintreiber im Keller versteckt, brachte einen Whisky hervor, der ebenso ausgezeichnet war, wie alle anderen in der Gegend; übrigens einen Whisky, der für ihren Mann eine willkommene Linderung bei fast allen Schwierigkeiten des Lebens bedeutet hatte. Und jetzt, immer noch jung, war sie Witwe, mit einem Säugling an der Brust, vor sich eine unsichere Zukunft, allein, ohne die unbedenkliche, aber nie beirrbare Zuversicht ihres Gemahls, um ihr in den Heimsuchungen und Kümmernissen, die auf sie zukamen, beizustehen. Während der Mann schweigend ruderte und sie allein mit ihren Gedanken dasaß, richteten sich ihre Augen liebevoll auf das Antlitz des Toten, das sich unverhüllt hinten im Boot ihrem Blick zeigte. Das Henken hatte es merkwürdigerweise kaum entstellt oder verfärbt. Man hatte noch über eine ansehnliche Reihe weniger bedeutender Verbrecher verfügt, und der Henker – so geschwind, wie es gerade noch zu vertreten war, und ohne bei seiner Arbeit irgendwie zu schludern – hatte sie alle, einen nach dem anderen, aufgeknüpft und wieder vom Galgen abgeschnitten. Der vom Strang verunstaltete Hals war gnädig von dem Mantel bedeckt, den man über den Aufgebahrten geworfen hatte. Die entseelten Augen waren geschlossen. Das lockige rötliche Haar, das MacPhunn, wie es seiner Stellung zugekommen war, leicht gepudert getragen hatte, lag wie immer in dichten Büscheln um seinen Kopf. Sein Mund mit den geöffneten Lippen, auf denen, wie es ihr fast vorkam, ein leichtes Lächeln lag, sah so aus, als wollte er gleich zu ihr sprechen. Und doch würde sie niemals mehr seine Stimme hören, der sie sich so gut entsann, oder jenes fröhliche sorglose Lachen, mit dem er ausgelassen die wiederkehrenden Nöte ihres gemeinsamen Lebens abgetan hatte.

Doch plötzlich, während sie zu ihm hinsah, schien der Körper sich zu regen. Sie suchte den Grund dafür in der Bewegung des Bootes bei seiner schnellen Fahrt durch das unruhige Wasser. Sie schaute nochmals, eindringlicher. Dieses Mal konnte es keinen Irrtum geben. So etwas wie ein krampfartiges Zucken hatte den Körper geschüttelt.

Das Leben im westlichen Hochland hatte aus der jungen Lady MacPhunn eine findige Frau gemacht. Sie verlor keine Minute. Wie immer befand sich eine Flasche hausgemachter Whisky im Boot. Sie goß daraus einen ordentlichen Schluck in einen silbernen Becher, den sie bei sich trug, mischte ihn rasch mit ein wenig von ihrer eigenen Milch, und indem sie den Mund des Leichnams aufzwang, flößte sie ihm die nahrhafte Mischung ein, während der Bootsmann auf die Ruder gestützt in jäher Ahnung auf ihn schaute. Wieder zuckte der Körper, dieses Mal heftiger. Und dann geschah das Unglaubliche. MacPhunn stützte sich auf seine Ellenbogen und richtete sich im Boot auf. Seine Augen, die behutsam von gütigen Händen vor kurzem geschlossen worden waren, öffneten sich weit, und eine Art Gurgeln drang aus seiner Kehle.

»*Uisge beatha!*« schien er zu sagen. »Lebenswasser!« Mit einem Wort: Whisky!

Und sein Weib, nun nicht mehr Witwe, drückte hastig die Öffnung der Flasche zwischen seine Lippen. Danach nahm sie selber einen Schluck und gab dann die Flasche dem Ruderer, damit er sich auch stärken möge und seinen wieder zum Leben erwachten Stammeshäuptling geziemend begrüßte.

Auf diese Weise kehrte die kleine Gruppe, die traurig einige Stunden zuvor von Strachur aufgebrochen war, um MacPhunn zu holen, an jenem Abend in bester Laune mit ihm zurück. Einige geschwind bei den älteren Bewohnern des Dorfes eingeholte Erkundigungen erbrachten die willkommene Nachricht, daß nach dem Gesetz ein Mann nicht zweimal für dasselbe Vergehen gehenkt werden könne. Einer unter ihnen erinnerte sich sogar an einen anderen Glücksfall vor langer Zeit, als der Strick tatsächlich im entscheidenden Augenblick gerissen war und der verurteilte Mann unbestraft blieb.

Sehr erleichtert über die Nachricht, daß MacPhunn nicht die Gefahr drohte, wieder zum Galgen geschleppt zu werden, begab sich die Gesellschaft nach Dripp und sah, daß die Vorbereitungen für sein Leichenbegängnis schon mächtig im Gange waren. *Coronachs*, wie Beisetzungen auf Gälisch heißen, sind berüchtigt für ihren Aufwand. Ohne Schwierigkeit verwandelte sich das Leichenbegängnis zu einem Fest, um MacPhunns Rückkehr von den Toten zu feiern, und bis tief in die Nacht tranken die guten Leute von Dripp gründlich auf die glücklich wiederhergestellte Gesundheit ihres Stammeshäuptlings.

Danach führte MacPhunn mit einem leicht verrenkten, aber sonst so gut wie neuen Hals noch lange dasselbe glückliche, unbeschwerte Leben, an das er gewöhnt war. Bei seinen Geschäften als Schafzüchter zeigte er sich weniger unternehmungslustig, oder auf jeden Fall umsichtiger als zuvor. Doch dem Brennkolben in seinem Keller wurde noch ein zweiter hinzugefügt, eine noch geräumigere Anlage zur Herstellung von *uisge beatha*, und der starke Trank, den er brannte und der ihn, wie er mit Recht behaupten konnte, von den Toten erweckt hatte, wurde weit und breit in Schmugglerkreisen als *Old MacPhunn* bekannt. Tatsächlich wird glaubhaft versichert, daß in heutiger Zeit ein gleichartiges Erzeugnis im Creggans Inn in Strachur ausgeschenkt wird, nach der Karte keine Meile von dort entfernt, wo »MacPhunns Cairn« die Stelle anzeigt, an der er nach seiner Rückkehr über das Wasser anlegte.

Beide MacPhunns erreichten ein ehrwürdiges Alter und liegen gemeinsam begraben im Kirchhof von Strachur unter einem Stein mit der säuberlichen Inschrift »Burying Place of the MacPhunns of Dripp«.

# Von der Witwe, die eine Kuh besass

Einst lebte ein Fischer mit Namen Donald in Tangusdale auf der Insel Barra. Sein Boot war auf Barra gebaut worden, und seine Mannschaft war eine der besten auf der Insel. Jedes Jahr fischten sie während März, April und Mai. Anschließend fuhren sie von der letzten Hälfte des Juni bis zur ersten des Juli nach Glasgow, wo sie ihre Fische, Fischtran und andere Ladung verkauften.

Nun hatte Donald eine Nachbarin, eine Witwe, die Mary hieß. Mary besaß eine Kuh, aber kein Land, und als Donald eines Tages wieder nach Glasgow fahren wollte, bat sie ihn, ihre Kuh während seiner Abwesenheit auf seinem Land weiden lassen zu dürfen. Sobald er zurückkäme, würde sie die Kuh nach seinem Wunsch wieder von seinem Land nehmen. Donald, der ein gutmütiger Mann war, willigte ein. Es war ein schöner Sommertag, an dem Donald und seine Mannschaft vor Sonnenaufgang von Castlebay ausliefen. »Es herrschte keine Brise«, berichtet der Seanachie, »und fast den ganzen Tag über ruderten sie und sangen dabei Lieder. Gegen Abend kam ein schöner Wind auf. Sie setzten zwei Segel, und das Schiff gewann an Fahrt.« Sie fuhren durch den Crinan Kanal in Loch Fyne hinein, ließen die Insel Bute Backbord liegen, segelten in den Firth of Clyde und legten am Broomielaw in Glasgow fest, das damals schon eine beachtliche Stadt war.

Als sie nach kurzer Zeit ihre Fracht verkauft hatten, begannen sie Vorräte an Hanf zur Herstellung von Tauen zu laden, und Angelhaken und Segelschnüre zum Einholen der Haken. Auch kauften sie Tabak, Zucker, Tee, einen Krug Whisky und auch etwas für ihr Äußeres. Hemden war alles, was sie brauchten, denn ihre sonstige Kleidung bestand aus Wolle, die von ihrer Insel stammte und dort gesponnen und verwoben wurde. »Als nächstes«, berichtet der Seanachie, »nahmen sie sich ein bis zwei Tage frei, und sie wären wahrscheinlich ins Kino gegangen, wenn es zu jener Zeit schon solche Einrichtungen gegeben hätte.« Danach begaben sie sich auf die Heimfahrt nach Barra, segelten den Clyde hinunter, überquerten Loch Fyne und fuhren wieder durch den Crinan Kanal.

Als die Sonne am nächsten Morgen aufging, hatten sie den Sound of Mull hinter sich gelassen. Der Wind blies aus Ost-Nordost, der günstigste Wind, um den Minch nach Barra zu überqueren. Sie hatten schon bis hierher gute Fahrt gemacht, und Donald war sehr zufrieden. »Donald«, rief er einem Mitglied seiner Mannschaft zu, der auch Donald hieß, »hol' den Whiskykrug«. Und er ließ jeden einen Schluck nehmen und setzte auch selber den Krug an. »Auf unser Glück, Jungens, und auf eine gute Überfahrt«, sagte er. »Ich hoffe, daß wir, bevor die Sonne das westliche Meer küßt, sicher auf unserer geliebten Insel gelandet sind.«

Doch die Worte hatten kaum seinen Mund verlassen, als der Wind sich legte und überhaupt keine Brise mehr aufkommen wollte. Und plötzlich ertönte zwischen ihnen und Barra das Geräusch von Meereswogen, und mit einem Mal blies aus Nordwesten ein Sturm, und sie waren gezwungen, in den Hafen Bagh Cornaig an der Nordspitze der Insel Coll einzulaufen.

Dort blieben sie über Nacht. Während der Nacht legte sich der Wind, und am nächsten Morgen machten sie einen neuen Versuch. Doch just als sie die Stelle erreichten, an der sie am Tag zuvor zur Umkehr gezwungen worden waren, kam ein neuer Sturm genau zwischen ihnen und Barra auf, und wiederum mußten sie umkehren und Zuflucht in Bagh Cornaig nehmen. »Man stelle sich vor«, sagt der Seanachie, »dies war im Juli! Sie versuchten es immer wieder, bis sie es schließlich für richtiger hielten, die Fracht an Land zu bringen und in eine der Scheunen der Leute von Cornaig zu verstauen. Und keiner konnte sich erklären, wie so etwas möglich war.«

Die Wochen verstrichen, die Erntezeit setzte ein, und immer noch konnten sie nicht hinübergelangen. Dann wurden die Kartoffeln geklaubt und immer noch befanden sie sich auf Coll. Der Winter brach an, und immer noch waren sie ihrem Zuhause fern. Dies war jetzt die Zeit der *ceilidhs**, und da sie sonst nichts zu tun hatten,

* zwanglose Zusammenkünfte, bei denen die Dorfbewohner Lieder singen und sich Geschichten erzählen.

begleiteten sie die Inselbewohner zu den *ceilidhs* in die verschiedenen Häuser. Eines Abends nun folgten sie den Nachbarn in ein Haus, in dem Geschichten erzählt wurden. Die Feuerstelle dieses Hauses war in der Mitte gelegen, und der Rauch stieg durch ein Loch im Dach ins Freie. Donald saß dicht neben der alten Herrin des Hauses, Mistress Maclean. »Sie war wirklich sehr sehr alt«, berichtet der Seanachie, »und ihr Haar wurde durch den Qualm des Torffeuers langsam braun.« Draußen heulte der Wind. Als nun gerade ein Mann eine Geschichte erzählte, kam das mausgraue Pferd des Pächters ins Haus, ganz und gar mit Hagelkörnern übersät. »Oh, du mausgraues Pferd«, sagte die alte Herrin zu dem Pferd, »richtet die *cailleach** in Barra heute nacht wieder Verwüstung an, so daß du nach Hause kommen und Zuflucht unter dem Dach nehmen mußtest?«

Was die alte Dame zu dem Pferd sagte, gab Donald zu denken. »Mistress«, sagte er zu ihr, »ich würde sehr gern ein Gespräch mit ihnen haben.«

»Und ich mit dir, Donald«, erwiderte sie. »Wenn die anderen heimgehen, bleib du noch hier, und wir sprechen miteinander.«

Als die anderen aufbrachen, sagte Donald: »Jungens, ich gehe nicht gleich mit euch. Ich kenne den Heimweg und bleibe hier noch ein bißchen länger bei Mistress Maclean sitzen.«

»Du bist ein gutmütiger Mann, Donald«, sagte Mistress Maclean, nachdem die anderen gegangen waren, »und gabst der Kuh der Witwe Mitress So-und-So Weide. Sie ist es nämlich, die dich hier auf Coll durch die Stürme festhält. Wenn du jedoch den Anweisungen folgst, die ich dir geben werde, wirst du noch vor Sonnenaufgang in Barra landen.

Ich werde dir einen Faden spinnen«, fuhr sie fort und holte ihren *cuigeal*, den Spinnrocken, und spann einen sechs Fuß langen Faden, in den sie einen Knoten machte und dann einen zweiten und dann einen dritten. »Wenn du tust, was ich dir rate«, sagte sie, »wirst du in Barra an Land sein, noch bevor die Witwe aus dem Bett steigt. Geh jetzt zu deinen Leuten und gib Befehl, daß sie das Boot beladen sollen.«

Donald traf auch gleich auf seine Mannschaft, die draußen auf ihn gewartet hatte. »Seht her, Jungens«, sagte er, »ich habe mit der alten

* alte Frau

Herrin dort drinnen gesprochen. Sie hat einen Zauber für mich ersonnen, und wenn wir tun, was sie sagt, werden wir auf Barra sein, noch bevor Mistress So-und-So aus dem Bett steigt. Macht ihr das Boot bereit. Ich werde gleich nachkommen.« Dann ging er wieder ins Haus und verabschiedete sich von Mistress Maclean. Anschließend begab er sich zum Boot, und sie liefen aus.

»Nun Jungens«, sagte Donald zu seiner Mannschaft, »dieses also hat sie mir gesagt. Wenn es völlig windstill sei, solle ich einen der Knoten lösen und zwei Segel setzen. Wenn ich noch mehr Fahrt benötigte, könne ich den zweiten Knoten lösen. Doch keinesfalls dürfte ich den dritten lösen. »Wenn du das tust«, sagte sie mir, »bezweifle ich, ob du jemals das Ufer auch nur riechen wirst, denn es wird ein Orkan aufkommen.«

Inzwischen hatte sich der Wind gelegt, und sie hätten rudern müssen. Da lösten sie den ersten Knoten, und eine hübsche Brise blähte die Segel. Der Mond ging erst spät auf, und die Nacht war schon weit vorangeschritten. Als sie in Sichtweite der kleinen Insel Muldonich gelangten, lösten sie den zweiten Knoten, und die Brise frischte beträchtlich auf, so daß Donald schon überlegte, ob nicht besser die Segel zu reffen seien. Doch er wollte unbedingt, noch bevor die Witwe aus dem Bett stieg, landen, also unterließ er es.

Bald befanden sie sich in Castlebay, zwischen Kisimul Castle und dem Ufer. »Jetzt werde ich die Kräfte der Hexe auf Coll erproben«, sagte Donald zu sich selbst. Und er löste den dritten Knoten. Und während er dies tat, kam aus Nordwest eine plötzliche Bö und warf das Boot, die Ladung und die Mannschaft ans Ufer. »Wenn er ihn gelöst hätte, solange er noch auf offener See gewesen war, berichtet der Seanachie, »dann hätte man Donald wohl nie wieder zu Gesicht bekommen.«

Er und seine Gefährten kletterten aus dem Boot und gingen nach Hause. Als Donald daheim eintraf, war die Witwe dort und sah nach ihrer Kuh. »Oh, Donald«, sagte sie, »wie glücklich bin ich, daß du gekommen bist.« Dies war zu viel für Donald. »Scher dich aus meinem Haus«, sagte er, »du Hexe, die du mich seit Juli auf Coll festgehalten hast.« Und er verfluchte sie gründlich und befahl ihr, ihm die Kuh aus den Augen zu schaffen und sich selbst davonzumachen. Niemals wieder würde er ihr Wohlwollen oder Freundlichkeit entgegenbringen oder gar Trost spenden. »Und so viel ich erfahren konnte«, berichtet der Seanachie, »verließ die Witwe das Dorf und verkaufte die Kuh und ließ sich nie wieder in Tangusdale oder bei Donald blicken.«

# Die kleine Hexe

Am *Point of Sleat*, der südlichen Landspitze der Insel Skye, arbeiteten einmal in den frühen Sommertagen eine Tochter und ihr Vater auf einem Stückchen Land und, siehe da, sie erblickten südlich der Insel Eigg ein Schiff auf dem Wasser. Gleich danach schauten sie wieder dorthin, und da ging das Schiff unter, und noch bevor sie den Blick abwandten, verschwand es vor ihren Augen. Und er sagt zu der kleinen Tochter – sie war noch ganz jung – »Ich frage mich«, sagt er, »wie das mit jenem Schiff geschah?«

»Ich tat es«, sagte sie.

»Was?« sagte der Vater.

»Ich tat es«, sagte sie.

»Und wer lehrt dich ein so schreckliches Tun wie das Versenken eines Schiffes und einer Mannschaft?« sagte er.

»Oh, meine Mutter«, sagte sie.

Wißt ihr, was er tat? Er hatte einen Spaten und tötete sie sogleich, nachdem er erfahren hatte, daß ihre Mutter sie dies lehrte, und er tötete die Mutter und die Tochter, und es wurde nie darüber geredet. »Skye«, bemerkt der Seanachie, der von Barra stammte, »war zu jener Zeit wegen seiner furchtbaren Hexen berüchtigt.«

# QUELLENVERZEICHNIS


DEIRDRE – DIE LEIDBRINGENDE

Carmichael, Alexander, *Deirdre and the Lay of the Children of Uisne,* 1905

Campbell, Lord Archibald, *Waifs and Strays of Celtic Tradition,* Argyllshire Series, 1891

DIE GESCHICHTE VON DIARMID UND DEM GROSSEN EBER

Campbell, Lord Archibald, *Waifs and Strays of Celtic Tradition,* Argyllshire Series, 1891

Campbell, J. F. [trans.], *Popular Tales of the West Highlands,* Volume III, Alexander Gardner 1892

EILEAN FRAOCH

Campbell, Lord Archibald, *Records of Argyll,* Wm Blackwood & Sons, Edinburgh 1885

Mackay, J. G., *More West Highland Tales,* 1940

FLUCH EINER SCHWESTER

Campbell, Lord Archibald, *Waifs and Strays of Celtic Tradition,* Argyllshire Series, 1891

PRINZESSIN THYRA

Campbell, Lord Archibald, *Waifs and Strays of Celtic Tradition,* Argyllshire Series, 1891

DIE TOCHTER DES NORDLAND-KÖNIGS

Campbell, Lord Archibald, *Waifs and Strays of Celtic Tradition,* Argyllshire Series, 1891

CAIVALA MIT DEM GLÄNZENDEN HAAR

Campbell, Lord Archibald, *Records of Argyll,* Wm Blackwood & Sons, Edinburgh 1885

DIE ISLES OF THE SEA

Maclean, J. P., *History of the Clan Maclean*

DONALD – DER JÄGER

Campbell, Lord Archibald, *Records of Argyll,* Wm Blackwood & Sons, Edinburgh 1885

Campbell, Lord Archibald, *Waifs and Strays of Celtic Tradition,* Argyllshire Series, 1891

Macneils Rückkehr nach Barra
Campbell, Lord Archibald, *Waifs and Strays of Celtic Tradition,* Argyllshire Series, 1891

Macleans Rückkehr nach Coll
Campbell, Lord Archibald, *Waifs and Strays of Celtic Tradition,* Argyllshire Series, 1891

Das letzte Henken
Campbell, Lord Archibald, *Waifs and Strays of Celtic Tradition,* Argyllshire Series, 1891

Maclean, J. P. *History of the Clan Maclean*

Claras Quell
Campbell, Lord Archibald, *Waifs and Strays of Celtic Tradition,* Argyllshire Series, 1891
Campbell, Lord Archibald, *Records of Argyll,* Wm Blackwood & Sons, Edinburgh 1885
Maclean, J. P., *History of the Clan Maclean*

Duncans Steinhügel
Campbell, Lord Archibald, *Waifs and Strays of Celtic Tradition,* Argyllshire Series, 1891
Campbell, Lord Archibald, *Records of Argyll,* Wm Blackwood & Sons, Edinburgh 1885
Maclean, J. P., *History of the Clan Maclean*

Macfarlane of Arrochar und der Laird of Luss
*The Dewar Manuscripts,* Volume I, Wm Maclellan 1964

Cnoc an T-Sithein
Campbell, J. L., *Tales from Barra, Told by the Coddy,* Edinburgh 1960

Die Klippe der Tochter des Hufschmieds
Campbell, Lord Archibald, *Records of Argyll,* Wm Blackwood & Sons, Edinburgh 1885

Der Tod des roten Colin
*The Dewar Manuscripts,* Volume I, Wm Maclellan 1964
McArthur, Sir William, *The Appin Murder,* J. P. Publishing Series 1960
Stewart, John H. J. and Lt. Col. Duncan, *The Stewarts of Appin,* Maclachlan & Stewart 1880
Mackay, David N., *The Trial of James Stewart,* Sweet & Maxwell 1907
MacDonald, Mairi, *The Appin Mystery,* West Highland Series

Quiproquo
Adam, F., and Innes, T., *Clans, Septs and Regiments of the Scottish Highlands*
Campbell, Lord Archibald, *Records of Argyll,* Wm Blackwood & Sons, Edinburgh 1885
Whyte, Duncan, Unveröffentlichtes Manuskript, gelesen von der Cowal Society, 1891

In einem Sieb
Campbell, J. L., *Tales from Barra, Told by the Coddy,* Edinburgh 1960

Ticonderoga
Campbell, Lord Archibald, *Records of Argyll,* Wm Blackwood & Sons, Edinburgh 1885
Lauder, T. Dick, *Legendary Tales of the Highlands*
Richards, Frederick B., *The Black Watch at Ticonderoga,* New York 1911

Stewart of Appin und Campbell of Strachur
*The Dewar Manuscripts,* Volume I, Wm Maclellan 1964

Lebenswasser
Mündliche Überlieferung

Von der Witwe, die eine Kuh besass
Campbell, J. L., *Tales from Barra, Told by the Coddy,* Edinburgh 1960

Die kleine Hexe
Campbell, J. L., *Tales from Barra, Told by the Coddy,* Edinburgh 1960